ホモ・サピエンスは生き残れるか

日本のモノづくり、人づくりから考える

前川正雄
和敬塾塾長
前川製作所顧問

ダイヤモンド社

まえがき

私は1955年に前川製作所に入社してから、1964年のメキシコ工場設立をはじめとして世界各地10カ所に工場を開き、その運営に参加してきた。そこでつくづく思い知らされたのは、外国人に日本のモノづくりを伝えることの難しさであった。

前川製作所の場合、営業マンと技術者がある課題について話をしていると、営業担当者は営業技術を、技術者は技術営業をそれぞれ理解してきて、課題の中から共通した新しい解決策を見つけていく。なぜ外国ではこうならないのか考えていくうちに、日本のケースでは、両者の会話を通して言葉の奥にある共通した世界に行きつき、そこから問題を解決していくことに気がついた。最初は営業と技術という別々の課題が出てくるが、言葉を通してそれぞれが感じている心の世界に入ったときに問題の解決策に行きつくことになる。そして、ここから出てくる製品はすみわけ商品になっていく。

しかし、海外ではこの段階に達するまでに5年はかかる。ただし、いったんこうなると、海外であっても日本のモノづくり文化を理解し、両者はツーカーの関係に入っていく。そうなれば、日本人の技術者と現地人の営業マンが一体となって現地企業への技術提案ができるようになり、技術力の高さとコミュニケーション力の深さから、この集団からしか出てこない無競争商品が生まれることになる。これが海外で仕事をする意味だ。

そこから分かったことは、日本人は言葉の奥にある感覚の世界で理解し合っているのに対し、外国人は言葉から論理をつくり、そこからルールをつくって、モノづくりをするという相違点である。後者の場合は、結果的に自分中心の営業になり、真の顧客の要求を無視することになる。それは、海外の「説得システム」と日本の「納得システム」の差で、論理でつくるか心でつくるかの差であることに気づいた。

欧米のやり方を見ると、ドイツはドイツ流を、アメリカはアメリカ流を現地でやり通す。このため、現地人の営業マンからも、現地の客からも嫌われている。これではいつまでたっても現地人と一体化したモノづくりは実現しない。

そして、この日本のモノづくりがいつ頃からスタートしたのかを調べていくうちに、縄文土器や勾玉《まがたま》や三内丸山の高い建造物などを通じて、当時からすでに独特のモノづくりがあったことに気づいた。約1万年に及ぶ日本の縄文時代には文字がなく、話しことばだけでモノをつくっていたことが根底にある。話しことばの奥にその人が感じている心の世界があり、互いにそれを理解し、考えていることや個人のわざ（技）を相手に伝え合うことによって、モノづくりができあがっていることに気がついた。これは言葉だけで言われるモノづくりよりも数倍も深いレベルを可能にするということで、技術ではなく、モノづくりの文化である。これが、現在まで続いている日本独特のモノづくりをつくりあげている。そして、これは世界に1つしかない〝すみわけ商品〟すなわち無競争商品になっていく。

その後の奈良時代の万葉集や平安時代の源氏物語、江戸時代の俳句も、モノづくりと同じく日本の心を伝えることによってできている。この何万年も続いている文化を持った国が、一貫して同じ文化のもとでモノづくりをしているというのは、世界でも非常に珍しいことだと言える。外国では1つの文化が他の国によって破壊されてしまっているケースや、徹底的に変質されてしまっているケースを多く見るからだ。

『わざ言語』では次のように述べている。

「これらの研究に共通しているのは、『わざ言語』が指導者と学習者との間に『身体感覚の共有』と呼ぶべき関係性の構築を促す媒介物として位置づけられている点である。言い換えれば、『わざ』の伝承は、指導者が持つある種の身体感覚を『わざ言語』を媒介として、学習者が身体的に感得し、共有していく過程として捉えられているのである」（生田久美子、北村勝朗編著『わざ言語』慶應義塾大学出版会）

これは何万年も文化が進歩し、それにつれてモノづくりが進んでいくという世界的にも珍しいケースと言える。

人が心で感じているものを、言葉を通じて伝えるということはこのようになっているのだ。この個人から個人へのわざの伝承は、大東亜戦争期にゼロ戦などを大量生産する必要性からさらに磨かれ、技能集団から非技能集団へモノづくりを伝えるためにつくられた日本型大量生産技術になっていった。そして、これが戦後、家電、自動車産業用の製造ラインと生産技術として海外に輸出されていくことになる。

この縄文時代にあった個人と個人の合意を取る文化は、集団と集団の間にもあったと思われる。それがあったために、約3000キロに及ぶ日本列島に共通の言語、文化、DNAが成立している。そして、これを成立させている原因は、日本人が持っている新しいものをまず受け入れるという〝まれびと文化〟であり、これが成り立っている理由は、生活をしていくのに十分に豊かな自然があったからだと思われる。

日本国内では、この集団のわざは20世紀の機械産業のみならず、農業、食品産業等あらゆるモノづくりで広がり、日本を20世紀型から21世紀型のイノベーション社会へと変革させている。

一方、日本企業の特長として、長寿型の企業が欧米に比べて圧倒的に多いということがある。これも日本型は心を伝え合うことにより、環境の変化を取り入れて、結果的に長寿型になってしまったということだ。しかし、欧米型は企業の論理を優先するため、長寿型にはなりにくい。

日本型長寿企業の内部を見てみると、若年層、中年層、高齢層に分かれていて、各層がそれぞれの機能を持っていることが分かる。まず、若年層は、新しいセンスで新しい情報をグループに持ち込む。中年層は、グループのリーダーとして、若者の新しいセンスをつぶさずにグループ内で育てながら、高齢層と若年層の取りまとめを行う。高齢層は、中年層と若年層が持っていない外部の情報をこの集団に持ち込む機能を持っている。この企業文化を伝えるシステムは、自然と年功序列、終身雇用になり、結果的に長寿型になっていく。

結論的に言えることは、日本のモノづくりは、結局、人づくりだということである。すなわち、人をつくってモノをつくる。モノをつくって人をつくる。この2つは1つのものであり、分けることはできない。一方、日本以外ではモノづくりによる人づくりと学問による人づくりは別々の階級をつくっていった。日本は縄文時代から複雑系の世界の中でモノづくりと人づくりが発達してきたということだ。20世紀になって欧米の単純系にかき回されたが、21世紀にもう一度、複雑系の世界に戻りかけている。

最近、特に不思議に思うのは、この21世紀型の日本のモノづくりと長く続いている日本型長寿企業の話題が、政界、官界、言論界はおろか当事者である産業界からも出てこないことである。しかし、21世紀の日本は着実にこの方向に進んでいて、革命はないものの、明治維新のような変化の時期が近づいていることはモノづくりをしている者にとってははっきりと分かる。

しかし、戦後の日本の教育界は、産業界に比べて圧倒的に欧米の悪影響を受けてしまっている。特に欧米の知識偏重教育とアメリカにそのかされた教育界の社会主義化が、日本共同体社会がつくってきた教育システムをまったくの別物にしてしまった。産業界も欧米型にゆさぶられたが、企業はほとんど影響を受けずに日本型モノづくり文化を残している。実は、21世紀型のイノベーション社会はこのグループによって進められ、600兆円のGDPを実現し年間100兆円を超える設備投資をする国になった。

一方、教育界の問題点は、21世紀になってますます大きくなり、ひきこもり、登校拒否、いじめ、自殺、殺人等、昭和までの日本では考えられないようなことが多く発生している。その上、最近は教員のなり手がいなくなっていると聞く。多くの大学も経営難に陥っているらしい。教育システムこそ根本から変えなくてはならず、小手先の対応では何も変化しない。

「人を知り、己を知り、社会を知る」ということを身につけなければ、いくら立派な技術や科学があっても絵に描いた餅で役に立たない。すでに現在までの知識中心の教育システムにより、論理的な頭脳は十分に鍛えられているのだから、これからは人を理解し、己を理解し、社会を理解する心を育てなければならない。

大東亜戦争後、戦前の大学に入る前にあった旧制高等学校を廃止することになり、これに大きな危機感を抱いた旧制高校の卒業生が集まって「共同生活を通した人間形成」を目的とした和敬塾が設立された。かつては旧制高校時代の寮生活を通じて人生最良の友を得て、その後の政・官・財の日本型共同体社会をリードしていった。おそらく、GHQ（連合国軍総司令部）は、当初、日本を完全に無力化する計画を立てていたので、その一環として、日本の政・財界を無力化する政策をとったのだろう。これによって、旧制高校は破壊対象の第一になったのだろう。

日本型共同体社会から生み出された教育システムの完成型は、江戸時代の寺子屋システムだと思う。「読み、書き、そろばん」という実務教育を行いながら、共同体としての人の在り方をお寺の和尚さんが子供たちに教えていった。しかし、現代日本の実務教育一本というやり方は人づくりの弊害となっており、21世紀の日本産業界を含めた社会に大きなマイナスとなるだろう。

最近の脳科学の進歩はすばらしいものがあるが、これからは心の領域に進んでいくと聞く。しかし、日本人の心を対象にした学問となると、脳科学のほかに、歴史学、心理学、哲学、社会学、民俗学、文化人類学、動物学、経済学、経営学等々すべての分野が入る複雑系の学問になる。これは21世紀の学問の中核になるのではないだろうか。しかし、こうなってくると、自分の領域しか分からない20世紀型の学者は役に立たない。自分の専門分野を持ちながら、そこから全域の研究に進めていかないと21世紀型の複雑系社会の学問にならない。

一方、日本型共同体社会の現場の中でモノづくりと人づくりを試行錯誤している者にとっては、心の領域を学問的に解明していくことは大いに望まれるところである。実は日本の人づくりは、江戸時代まで現場のモノづくりを中心になされてきた。モノをつくった結果、人づくりにつながり、この人で新しいモノをつくってきた。しかし、このすみわけ製品をつくった人がどのようにしてできてきたのかについての解明は、モノづくりの現場では無理な話であった。21世紀、日本人はこの情報を発信する時期に来たのではないかと考える。

和敬塾と前川製作所は、人づくりとモノづくりの現場を通じて21世紀型の人間社会づくりの一端を担うという考えを持っているが、もし和敬塾と前川製作所の現場を通じて〝日本型共同体社会〟の学問的解明の一助になるのであれば、今後ともできる限りのことをして社会に何らかの貢献をしたいと考えている。

前川 正雄

2023年10月

目次

ホモ・サピエンスは生き残れるか
——日本のモノづくり、人づくりから考える

第2部　日本のモノづくり

第3部　和敬塾の人づくり

第1部

人類にとって
21世紀とは
どういう時代か

第1章
劇的な変化

①グローバル化した原因

約250万年前、類人猿から石器をつくったヒト属が生まれたと言われているが、このときのことを想像してみると、このような〝モノ〟をつくったらこういう〝コト〟ができると想像する力とそれをつくる力を持った類人猿がヒト属に変化したとも言える。

これ以後、ヒト属は、つくったモノではできないコトを追いかけて、新しいモノをつくり続けていく。モノに対する飢餓感がエネルギーになっていったのだ。その結果、農業時代から産業時代を経てモノを中心とした社会をつくり、先進各国は世界市場で優位に立つために、政治・軍事・経済・行政・宗教から思想・文化まで総動員をかけたグローバル化が始まった。それが20世紀末まで続き、大量生産・大量販売・大量消費の技術ができあがってきた。これはもともと先進国の技能者しかできなかったものが、20世紀に入って技術者や科学者による生産技術、製造技術、開発技術の開発で、どこでも誰でも同じようなものができる状況になったのである。

日本では、大東亜戦争でゼロ戦を1万機以上つくった。その部品をつくるのに女子学生まで動員し、短期間で技術が習得できるような生産方式と生産ラインを完成させた。

当時、モノが不足していた日本では、小さなエンジンで、軽くて高速を出す飛行機をつくることに専念し、ゼロ戦や隼《はやぶさ》を生むことになった。戦後、日本は、アメリカによって飛行機産業がつぶされたが、その技術がダットサンやカローラなどの自動車産業に移り、軽くて小さなエンジンで、燃費がよく、壊れにくくて、乗りやすい安い車がつくられた。それが北米市場を席捲《せっけん》した。アメリカ車はシャーシ（骨格）の上にすべてを載せて重かったのに対し、日本車はモノコックのゼロ戦と同様にシャーシなしのため軽く仕上がっていた。その後、日本が大型車の開発と併せてモノコック型の開発をさらに進めたことで、ビッグスリーの停滞と消滅が始まった。

そして、日本は、自動車産業だけでなく、家電をはじめとするあらゆる消費財の量産システムと生産ラインを完成させた。アメリカは、戦時中でも物資も人材も豊かだったので、日本のように中学生まで総動員をかける必要がなく、従来の技能者による生産を続け、日本型の生産システムをつくる必要はなかった。その結果として、技能者のいない南米に生産工場を移すことはできなかった。ヨーロッパも同じくアフリカに生産工場を移せなかった。戦後、日本は、生産ラインをアジアに移すことができ、それがアジアの経済発展につながり、現在、アジアは世界で一番経済発展している地域の1つになっている。そしてアジアからの大量生産システムによってモノは世界中に流れ出し、グローバル時代が出現した。

その後、日本の製造業が次々と北米に進出した結果、1970年ごろからアメリカの製造業の崩壊が始まった。1950年代、アメリカのシカゴを中心とした中西部の各都市には世界的な製造業が集中していた。しかし、21世紀に入って、それらの製造業はほとんど消えて中西部の停滞が始まっている。そして、アメリカ経済は金融や流通業にどんどんシフトしていった。その結果、大量生産産業は、壊れた製品を入れ替えるだけの産業になってしまった。そうなると、寿命が10年だったら従来の10分の1の生産量で終わり、寿命が20年だったら20分の1の生産量で終わる。かくして、20世紀の大量生産・大量消費の時代は終わった。

②量の世界から質の世界へ

製造業の崩壊は1970年にアメリカで始まったが、2000年になって欧州でも同じことが起きた。原因の1つには、現場レベルの人間と管理層の人間の階級上の差の問題がある。管理層は指示・命令をするだけ、現場の人間はそれにしたがってやるだけで大量生産時代はうまく機能したが、時代はグローバル産業時代からローカル産業時代に突入していった結果、グローバル市場という大市場は崩壊し、小さなローカル市場に分解していったのである。ローカルごとのニーズは、大量ではなく少量になった上に、常にニーズは変化するため、設計、製造、購買はそれをフォローしなくてはならず、トップからの指示だけでは対応できなくて、現場力が大切になってきた。しかし、欧米の現場力はこれに追随できず、製造業は崩壊していった。

スコットランドで始まった産業革命の初期は、技能者によってモノはつくられていた。その後、技術者が参加して開発が加速されていったが、ここで製造現場は技術者と技能者の2つの階級に分かれることになった。これは日本ではいまだかつて起きていないが、欧米ではこの2つのうち技能者が移民になる20世紀になって製造業の崩壊が始まってしまった。

1950年代、アメリカの製造現場には黒人やメキシコ人はほとんどいなかった。そして、アメリカ人の若者は現場の技能者に鍛えられ、「メイド・イン・USA」が一世を風靡《ふうび》していた。しかし、現場は黒人とメキシコ人に取って代わられると、品質は落ち、競争力を失った。特に21世紀になって個別市場での個別対応の必要が出てくると、顧客との対話ができなくなっていった。これと同じことが、少し遅れてヨーロッパでも起きてきた。

モノづくりには3つの品質がある。設計品質、製造品質、組み立て品質だ。このうち、初めの2つはいいとして、最後の組み立て品質は、技能によって教える以外に方法はない。日本車の寿命が長いのも組み立て品質によるものが多い。

この大変化について、ほとんどの学者や政治家やジャーナリストはいろいろ情報を出しているが、モノづくりの立場から見ると、量から質への現場の変化の本質を突いていない。古い20世紀型の大量生産を中心にしたモノづくりの崩壊と21世紀に始まった新しいモノづくりという別々の2つの市場の中で、大量生産型のモノづくりの情報のみに終始し、質を中心にした新しいモノづくり産業の動きを報じていないからだ。その結果、各国の政策は大量生産型社会のみが実体であるかのように報じられ、ますます実情から離れてしまった。確かに、日本企業の例を取ってみると、この大量生産システムから市場別の生産システムに切り替えるには30年くらいかかっている。なぜ30年もかかるのかは追々説明していくが、この間、人、設備、市場は変わっていない。市場の質が変わっているだけだ。これらは現場の中で変化に対応しようとしている人間にしかつかめない変化だ。まして、外から見ている人には何も変わっておらず、売り上げだけが落ちているようにしか見えない。外部の人にはそう見えても仕方ないだろう。しかし、これが21世紀に人類が迎える大変化の入り口なのだ。

欧米をはじめ大量生産に頼っている国にとって問題は大きくなるばかりだ。一方、日本は1970年代のオイルショック時から切り替えを始め、最近は大量生産型の企業から個別すみわけ型の企業への転換が進んできている。欧米を含めて景気が悪くなり出している国が増えている中で、日本経済が上向き出している理由はこれが大きいと思われる。

ヒト属は250万年前からモノをつくって進化してきた。モノが大量に生産されるようになると、モノを移動するための流通が始まり、それに投資するための金融が発達してきた。しかし、大量生産が終わっても、量の市場はゼロになったのではなくて価格競争の商品として残り、安いものを必要とするマーケットとして残っている。グローバル市場は、入れ替え需要のみで小さくなった市場を品質・価格・納期で競争して奪い合うという、今までにない激烈な価格競争の時代になり、国レベルでは関税競争になり、最終的には企業が身を切ることになる。

それぞれの地方の人々からすれば、グローバル時代の大量生産・大量消費の結果、物質的には豊かになり、個人の所得も上がって、人類史上、最高の生活レベルをエンジョイすることになったが、それぞれの地方の経済も豊かになるにつれて、グローバル時代に抑え込まれていた地方からの要求が一斉に現れてきた。これは、グローバル市場とは反対に、それぞれの地方から出てくるニーズに個別に対応していくことになる。結果的に、ここでグローバル時代は終わりを迎えることになった。

そして、21世紀になって、再び1万年も続いた縄文時代の生き方に返ることになった。大量につくって、他者との競争に勝てば生き残るという時代は終わり、自分たちが生かされている常に変化している環境に合わせた生き方を続けていくという〝質〟の問題になってきた。それは、日本の各地の環境に合わせて生き方を変えることで生き続けてきた縄文時代と同じく、21世紀は各市場に合わせたモノづくりを通じて生き方を変えていく時代になった。モノへの飢餓感がなくなった結果、長く続いたモノの時代は終わったということだ。

③21世紀の経営システム「モノからコトへ」

このように見てくると、グローバル時代はモノ中心で、いわば仮の姿で、21世紀になって本来からあるべき質の時代が始まったということである。それは20世紀と21世紀の違いをどこに視点を置いて見ているかということになってくる。モノづくりから見ると、グローバル時代というのは、「何をつくるか」よりも「どういう方法でモノをつくるか」が中心で、市場調査をして、品質・納期・価格で競合他社よりいかに優れたモノを出せばよいかであった。これはコンサルタントや調査会社が答えを出してきた。しかし、どういうコトを満足させるためにどういうモノをつくるかが問われるようになった21世紀のモノづくりでは、製・販・技のメンバーで現在の自分たちが生かされている場所からしか出てこない、モノの奥にあるニーズを探ることになる。いわゆるコトの世界に入ることになるのだが、そうすると、顧客との長期にわたる関係から出てくる情報は不可欠なものになってくる。それは〝場所〟からの情報である。

この〝場所〟の奥にある情報というのは、大変厄介な問題をはらんでいる。まず、消費者の意向（消費市場）を消費財メーカーと消費財をつくる設備メーカーが一体となって探さなくてはならない。モノを提供していた20世紀までは、これらの関係は、売り買いの関係で、どちらかといえば対立的な関係であったが、今からは三者が一体化しないと実体はつかめない。

考えてみると、約250万年前、最初に生まれたヒト属が石をつかみ、「こう使ったら、こんなことができるのではないか」と考えたのも、つかんだ石に隠れている働きに気づいたからだ。表の見える世界からその奥にある裏の世界に気づくのが、ヒト属の歴史を考える上で大切なことだと思う。現在のモノで満足されていないコトというのは、モノの奥にある隠れたニーズのことだ。それは2つとない特長を持った場所から出てくる。

コトの市場からは2つとないニーズが出てきて、ニーズは変化し、当然、コトも変化していく。いわゆる仏教でいう〝諸行無常〟だ。これは、過去の歴史と現在を知っている者だけが将来のニーズを予測できる世界であり、自分たちの中にある世界であって、外部の人には手も足も出ないところである。

モノとコトが1つになっているのが市場の実体の姿で、20世紀まで主だったものはモノであったが、それが21世紀からはモノからコトに移ってきた。つまりモノが従で、コトが主になってきた。21世紀になって、250万年もの間続いた「モノ中心の世界」から「コト中心の世界」へと移り変わり、それが現在の世界激変の原因になっている。

これからはモノとコトが一体になった本物の世界になり、今まではフェイクの世界だったと言える。生き物の世界から見ると、グローバル時代は、ホモ・サピエンスにとって歪《ゆが》んだ生き方をしてきた時代であった。

ローカル市場はコト中心で、コトは市場ごとに違う。そして、コトは2つと同じことが起きない。何回も実験をして実体をつかむという20世紀までの科学とはまったく異質の世界に入ったと

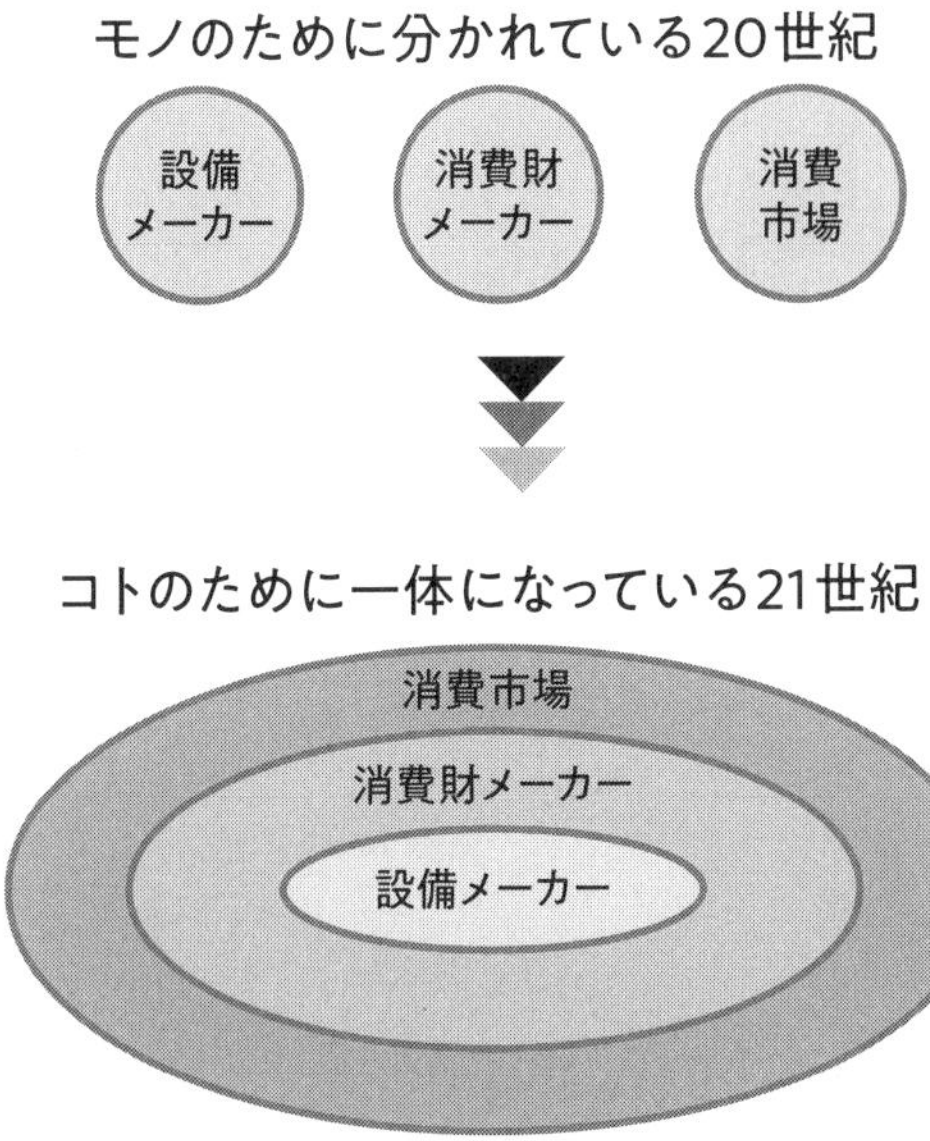

いうことである。このことを今西錦司は次のように述べている。

「自然科学論になりますけども、結局進化というものは一回きりのもので繰り返しがない。ところが、自然科学の証明法というものは繰り返しを前提にしている。だから、だれがやっても同じ結果が出るというところではじめて、みんなの納得を得ているわけですね。しかし、一回きりのものということになると、そういうふうにはゆかんでしょう。一回きりのものが、はたして自然科学の対象となりうるか」（今西錦司、吉本隆明著『ダーウィンを超えて』中公文庫）

われわれは、21世紀からの新しい科学に取りかからなくてはならなくなったということだ。コトは1回しかないという、まったく新しい時代に入ったのである。

④ 21世紀は点から流れへ

グローバル時代は、同じ企業の中でも調達・生産・販売・流通が別々の管理システムで行われ、それはモノの大量生産、大量販売、大量消費時代の特長でもあった。製造・販売・技術でそれぞれ別々のカイゼンを進めながら、数量を追いかけてきた。

コトの時代になって、地域ごとのニーズが重要になってくると、その地域の文化、歴史、特殊性、すなわち場所の問題に関心が移ってくる。科学や論理の時代ではなくなり、文化、感覚の時代になってきた。そのため、コトの時代やローカルの時代になると、関係している製・販・技と市場が一体になって行動し、それぞれが得た市場の感覚情報を合わせて全体情報にしたときに、市場のコトの情報に行きつくことができる。そこが大量生産や大量消費とは大きく違うところだ。まさに180度の転換である。

20世紀は「人工環境」をベースにしてできていた時代で、21世紀は再び「自然環境」の時代に返るので、まったく世界が異なってくる。「人工環境」のときは、数をベースに考えていて現象を点でとらえていた。「自然環境」の時代になると、変化する流れの中で物事をとらえていくことになる。そう考えると、前述の「量から質へ」や「モノからコトへ」も流れの中で発生している世界であることが分かる。

そういう意味では、点だけでは流れをつかむことはできず、変化する流れの中に入って、自分も一緒に流れていく以外に方法はない。実は、われわれ人間の体も流れの中で生きている。福岡伸一は著書の中で次のように述べている。

「肉体というものについて、私たちは自らの感覚として、外界と隔てられた個物としての実体があるように感じている。しかし、分子のレベルではその実感はまったく担保されていない。私たち生命体は、たまたまそこに密度が高まっている分子のゆるい『淀み』でしかない。しかも、それは高速で入れ替わっている」（福岡伸一著『生物と無生物のあいだ』講談社現代新書）

この点からも、ヒト属は21世紀までいかに生物としての流れを無視し、おかしな生き方をしてきたかが分かる。

流れではなく点だけを見る時代は、外から眺めていて、コンサルティング会社やマーケティング市場調査会社に情報を聞けばよかった。流れの変化を見ていくことになると、生産財メーカーの市場は消費財メーカーであり、消費財メーカーの市場は消費市場であって、これが全体の流れである。

生産財メーカーは、消費者と消費者の流れから環境のニーズをつかまなくてはならなくなる。それには、生産財メーカーの販売と技術と消費財メーカーの販売と技術が1つにならなければ、本当の環境の実体は見えてこない。生産財メーカー（製・販・技）＋消費材メーカー（製・販・技）が1つになって流れの中に入るという共同体であること、すなわち、同じ〝場所〟にいるこ

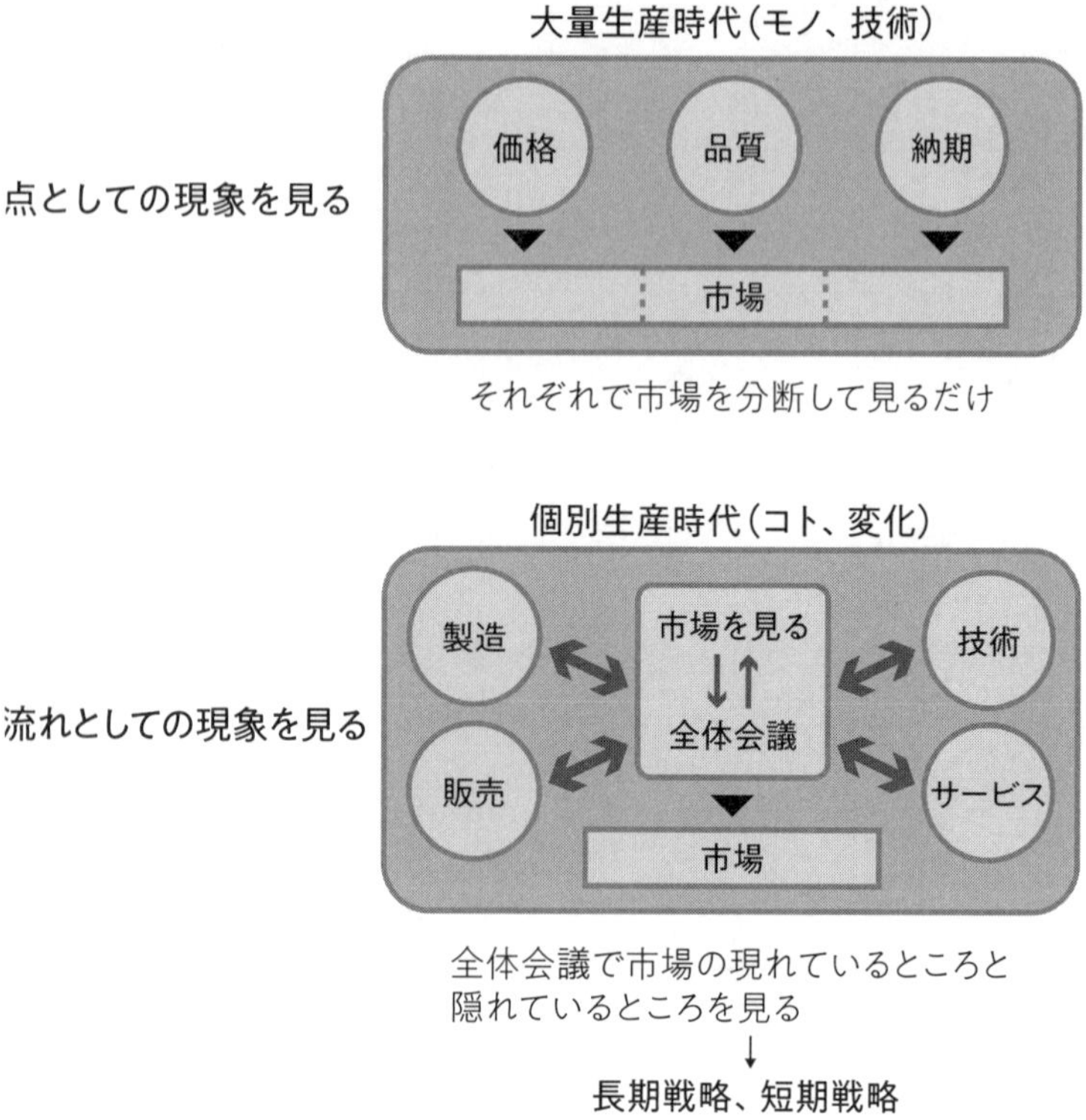

とが絶対条件になってくるということだ。管理型の組織と生産方式ではそれは無理である。管理型は自分主体で環境を客観的に見ているので、これでは流れの実体は現れないし、つかめない。21世紀の市場は、消費者と生産者と販売者が一体となっていなくては見えない世界である。しかも、もっと始末に負えないところは、20世紀までの実験科学とは別の世界に入ってしまったということで、前述の今西錦司の言葉が胸にしみる。

「進化というものは一回きりのもので繰り返しがない。……一回きりのものが、はたして自然科学の対象となりうるか」

⑤流れの中にある秩序で生きる

常に変化している流れと言っても、流れをつくっているものの中に変化しないものがある。流れている中に隠れているもの、1つの秩序というようなものがある。自然は日々メチャクチャ変化しているようだが、ある一定の秩序の中で変化している。つまり、流れを変化させている秩序がある。例えば、日本社会を考えてみると、縄文から奈良、平安、戦国、江戸、明治、21世紀と大きく変化しているが、変化していないものとしては日本の共同体社会をつくっている日本文化がある。文明は、文化という流れの中で生じる一場面であるからだ。

それと同じで、地域ごとのニーズにも、常に変化をもたらしている変化しないものや秩序がある。その秩序に本質のニーズがある。それをつかむことが大事になってくる。これをつかむと、次に何が要求されるかが分かる。すなわち、文明から文化をつかむということだ。

文化は時代とともに変化していくが、その流れには秩序がある。それに沿って場所は変化していく。そして、場所がコトを生み出す。これは科学や技術では対応できない。

21世紀の企業は、今の変化ではなく、さらに次の変化を予知して対応する。これができないと企業は死滅することになる。考えてみると、日本人は、縄文時代の約1万年の間にこれを習得し、想像以上に豊かな生活が実現できていた。この豊かさは争いがないからできたものだろう。北から南へ、南から北へと交易して、言語、DNA、文化が共通になるほど人が争わずに行き交っていたということも大いに関係していると思われる。この結果、縄文人は、感覚の世界の交流を深め、自然環境の流れの秩序をつかみ、豊かな生活をつくっていったのだろう。

この「争わない」という事実は、縄文時代から続いている日本型共同体の文化によるところが大きい。21世紀の欧米を見ていると、なぜあんなに争うことが日常化しているのかと不思議に思う。欧米の社会で起きているストライキは日常化している。英国の医者のストライキ、フランスの年金改革ストライキ、ドイツの鉄道ストライキなどが年々大きくなっている。これは管理する側と管理される側の2つに分かれている社会の特長で、米国をはじめ多くの国がこのシステムを取っている。一方、日本ではストライキという言語は死語になってしまった。これは変化する流れに対応しようとするか、自分の秩序で流れに対応しようとしているかの差だ。

日本について考えてみると、2万5000年前から始まった寒冷期――冬は北海道と本州の間も氷結していた――、モンゴル系の北方民族が日本列島に入ってきたのであろう。その後、南方の雲南系の民族が沖縄を通って日本列島へ。その後、海人であるポリネシア系が入り、最後に朝鮮、シナ（チャイナ）から合計5種族が日本列島に入ってきたのだろう。大陸系の人間にとって、流れの速い朝鮮海峡は最後まで渡れなかった。

私は以前から、日本列島に入ってきた5つの別々の種族がどのようにして1つのDNA、文化、言語になって、1つの流れをつくっていったのかと不思議に思っていたところ、最近のDNAの研究がこの疑問を解消してくれた。

「DNAの発現は環境にも影響されて変化する『やわらかいもの』であることが最近の研究で明らかになっています」(篠田謙一著『日本人になった祖先たち』NHKブックス)

おそらく奈良時代あたりから、シナ、朝鮮から大勢の人間が日本に入ってきた。それなのに、現在の日本人のDNA、言語、文化にその影響がないのはなぜかと以前から疑問に思っていたが、この文章を読んで合点がいった。シナ、朝鮮から入ってくるよりもずっと以前からいた3種族の一体化したDNAと日本の自然環境が合わさることで、そのあとの2種族も日本型DNAに変化していったのだろう。このように種族を超越していったのは、豊かな風土のため、個々の現象で争うよりも、流れをつくっている秩序に対応していく生き方を目標にしていったのだろう。これが現在までも続いている。

⑥21世紀は感覚でつかむしかない

品質・価格・納期のカイゼンが目的の20世紀のモノづくりと違って、21世紀のモノづくりにおいて、現在の製品の次に来る商品は、前述のように外部環境(場所)の流れをつくっている秩序の中にある。これは、製・販・技のメンバーと消費財メーカーが一体になって流れていかないとつかめないものだ。その実体は感覚でつかむしかなく、それができるかできないかが生死を分けることになる。そして、生き続けていく結果として、生き残ったものだけが〝すみわけ〟の世界に入っていくことになる。これが本来の生物の生き方である。

ところで、製・販・技が別々につかんだもの（別々の流れの感覚や情報）を1つ1つ合成して全体像にすると、現在の流れがつかめる。そして、そこから10年先の流れをつかもうとする。それが次の問題になってくるが、これも感覚でつかむしかない。すなわち、感覚の質が生死を決めることになる。そうすると、前述した縄文人のお互いの言葉が出てくる感覚の世界を聞き込んで、感覚の世界を深めて広めていった1万年の経験がいかに大切かが分かる。

今西錦司の〝すみわけ〟は流れの中にいるカゲロウから発想した。われわれもカゲロウのようにならないと〝すみわけ〟の世界は分からない。そういう時代に入ってきた。今西は『生物の世界』の中で、環境（流れ）と生物の関係はつながっていると述べている。

「生物の中に環境的性質が存在し、環境の中に生物的性質が存在するということは、生物と環境とが別々の存在でなくて、もとは一つのものから分化発展した、一つの体系に属していることを意味する」（今西錦司著『生物の世界』講談社文庫）

この先10年がどうなるかについて、環境と生物が一体となって1回の進化しか起きない世界では、感覚でつかむしかない。流れをつくっている秩序をどうつかむか、先を読む力、現在から10

年先を読む直観力――、こうしたものは失敗を通じて習得する以外に方法はない。集団も個人も環境に適応していく方法はこれしかないだろう。

縄文人は何回も失敗しながら3カ月先、半年先をつかんでいった。これが狩猟採集時代の生き方で、失敗を通じて習得する以外にない。21世紀はここに戻ってきたと言える。われわれは、現在の現象は分かるが、その現象はどういうものが影響しているかは分からない。例えば、製造業であれは製造業が関係している消費財産業、またその消費財産業が関係している消費者の動向や変化をつかまなければ、影響の在り方が分からない。その影響を把握しながら、現在のわれわれの場所に関係している環境変化をつかまえなくてはいけない。これは縄文人が現在の自然環境の変化から将来の変化を予測したのと同じで、社会環境の変化の中から次の変化をつかむことになる。

この消費財産業の10年先をどう見るか、それを見ようとすると、日本はもとより、世界の人口・政治・経済の動向が絡んできて、それをつかまなくてはならない。それを関係者全員で考えていくと、「こういうことだとすると、こういうことを考えねばならない」とか「またこういうことが関係するのではないか」ということが出てくる。その流れの変化は、そのときどきの製・販・技のメンバーが一緒になって予測する以外にない。前川製作所ではこれを雑談会議と称し、仕事中でもオフのときでも一番大事な会議として参加し、全員で〝場所〟の変化を予測する力をつけていった。

そして、どんどん変化するから、自分もどんどん変えていかなくてはならない。自分の関係している社会の動向を見ながら、変化に応じて自分を変えていくしかない。それには、関連している変化を考慮に入れながら、その秩序を見つけていく直観力を鍛えていくしかない。市場感覚を得る——それしかない。

第2章 管理型から共同体型へ

①21世紀の企業組織——管理型からゆらぎのある共同体へ

21世紀の日本の製造業が共同体型になっているか、または管理型になっているかということは、共同体型の人間が現場を見ると一目で分かる。理由は、共同体型の人間は表に現れない隠れている部分を見る力を持っているからである。すなわち、人間の集団には、それぞれの場所が醸し出す独特の雰囲気がある。管理型はルールに縛られている場なので、人工的なにおいがするが、共同体型はこの縛りがないため、自由で自然な人間集団味が出ている。これは、共同体型にいる人間でないと分からない。この自由な人間集団は、市場のニーズもつかみやすく、21世紀に要求されるすみわけ商品を提供して業績を上げている。日本では、この共同体型の企業が多くなっている。早稲田大学の藤本隆宏教授は、雑誌『Ｗｅｄｇｅ』で次のように発表している。

「政府の経済統計によれば、例えば１９９０年から２０２０年の30年間で、日本製造業の実質付加価値総額（15年基準）は80兆円台から１２０兆円近くに拡大した。（中略）一方、製造業の就業者数は、１９９０年の約１５００万人から２０１０年には約１０００万人に減ったが、以後は下げ止まっている」（藤本隆宏著「日本の製造業衰退論にもの申す ２０２０年代の巻き返し戦略」『Ｗｅｄｇｅ』２０２２年10月号）

製造業の中でも業績を落としている会社は管理型のところが多い。理由は、戦略・現場・業績・評価等がすべて管理型で成立していて、管理上の遊びやムダがないからだ。人というのは、ムダや遊びの中でのゆらぎによって隠れている知恵が出て、それがクリエイティビティになるのだが、管理型にはそのクリエイティビティがない。共同体型では、ムダや遊びが人の成長と自己実現につながっている。

人だけでなく、あらゆる生物は、分子組織レベルからゆらぎによって次の生き様を分離したり合成したりして、新しい生き方を決めているらしい。むしろ、管理型では、個人のクリエイティビティは組織上マイナスになっている。管理型の指示がどこから出ているかというと、命令を下すエリート層から出てくる。ゆらぎのクリエイティビティを主体にした共同体型の組織には階級の上下がないから、どこからでもゆらぎは出てくる。共同体型では、現場での上下関係はなく、個人個人、全員が計画をつくり、それらが調和・合成されて全体をカバーする。一人ひとりのゆらぎから全体のクリエイティビティが出てくるのだ。すなわち、ゆらぎがある企業が生命体で、管理型は生命体ではない。あるコンサルタントが工場見学の後、「前川さん、この現場は問題がありますよ。ぶらぶらしている人が多く見かけられますよ」と言った。この人は〝ゆらぎ〟と〝さぼり〟の区別がつかないのだ。これは天と地の差があるのだが、現場を知らない人には同じに見えるらしい。縄文時代、8時間働くということはありえなかったらしい。せいぜい数時間だろう。しかし当時は、遊びと働くということは区別がつかなかったのではないか。なぜなら、これがクリエイティビティに直結しているからだ。

また、共同体型は、高齢層と中年層と若年層の機能がバランスしている。高齢層は過去の経験から、中年層は現場のまとめから、若年層は新しい情報感覚から発想する。すなわち、階級別ではないので、何をやっていても、この三者は常に全体のプロジェクトに参加しているということになる。いわゆる管理層がないので、全員がモノづくりの現場と直結し、機能別に全員がモノづくりに参加しているということで、すみわけの世界もゆらぎを通して実現していき、各人の評価も自ずと決まっていく。

企業の戦略をつくる場合、製・販・技でそれぞれの感じている漠然としたすみわけの世界を話し込んでいくと、1つの共通したイメージが現れ、それに沿って製は何をすべきか、販は何をすべきか、技は何をすべきか、各々の目標が自ずと決まってくる。製の中でいくつかの部門に分かれていても、製全体の目標が決まっている以上、製を構成している各部門の目標も自ずと決まってくる。これは、10人の企業であっても、100人の企業であっても、1万人の企業であっても同じことが言える。自分たちが生かされ、生きている場所から出てくる計画は、現在の日本では規模に関係なく、共同体か否かで決まる。日本は人口が1000万人のときも、1億人のときも社会は同じように機能している。これが共同体社会の特長だ。

管理型組織は、大量生産に向いた組織で20世紀までは完全に機能したが、21世紀の個別市場向きの少量生産市場ではうまく機能しない。管理型組織は、役員会で決定された方針が部から課へ、課から係へと下りていく大量生産向きの組織である。一方、個別市場型の組織は、市場ごとに方針が異なる。市場ごとに分かれている場合、全社の戦略を受けて、戦略から戦術まで自分たちで決めていかざるを得ない。同じような市場のグループがブロックをつくり、全社の戦略を受けて、ブロックが戦略と戦術を決めていく。

つまり、どのレベルをとっても、自分たちで戦略と戦術を決めるということである。ただし、どのレベルでも全社の戦略とゆらぎを通して一致している。このような計画をつくることが企業に求められている。

一方、官庁・大会社では、人が辞めるという傾向が強くなってきている。管理型では仕事がおもしろくないからである。前述の縄文人のように仕事と遊びが1つになっていないので、現在の自分の裏に隠れている能力を発揮できるという自己実現ができないからだ。戦後の社会と違っ

戦略の型

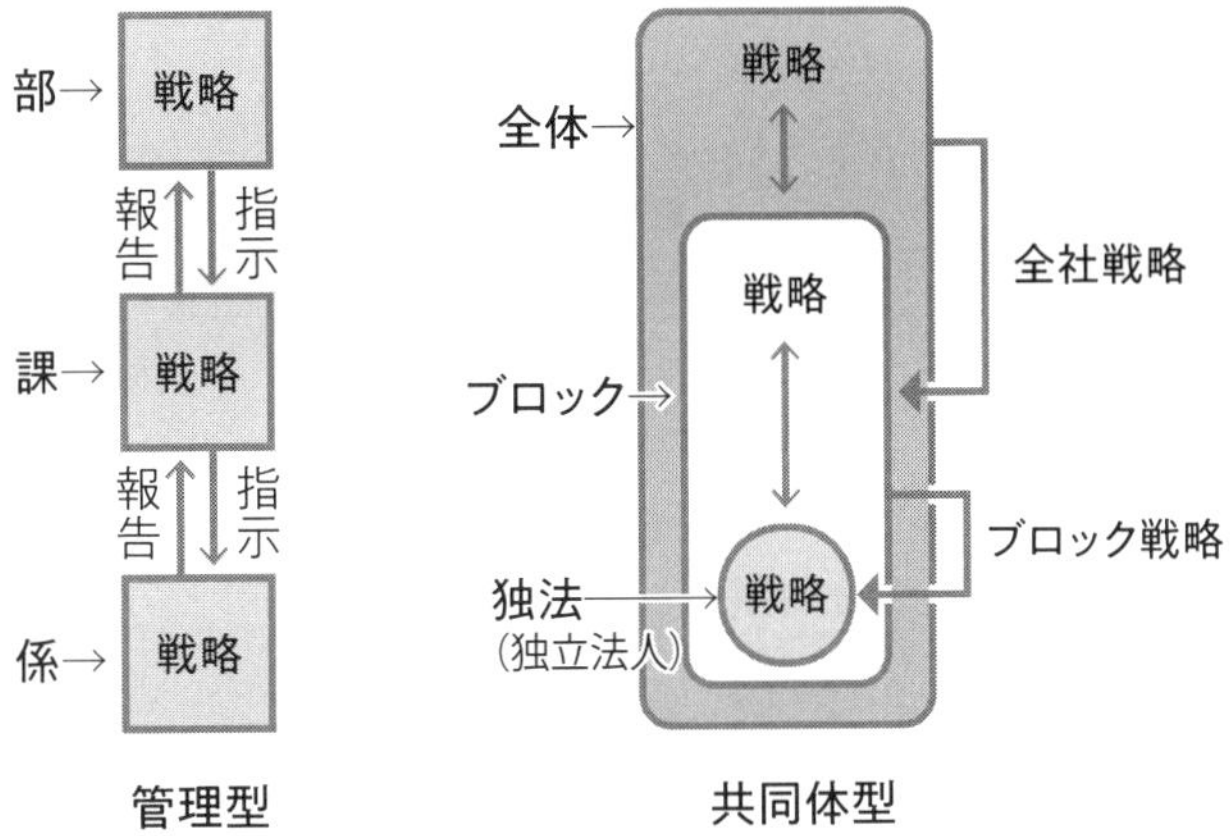

て、現在の日本は食うためには困らない社会になった。社会が〝モノ〟から〝コト〟へ進化した結果である。社会も見えないところで〝モノ〟から〝コト〟への変化が始まっていることに気づかなければならない。

共同体における自己実現というのは、共同体の中で手伝ったり手伝われたりして、ゆらぎながら発展していく。先述した各レベルの戦略の段階から、自分の戦術レベル（行動レベル）を決めていくが、これを生み出しているゆらぎは隠れていて見えない。これが一体にならないと、生命体にならない。これをやろうとすると、システムを管理型から共同体型に変えていかざるを得ない。

21世紀の日本は、コトを実現すれば自然と食える社会になっている。全員でクリエイティブになれば自然に利益が上がる社会になっている。すなわち、自己実現しやすい社会、隠れた自分の能力を発揮しやすい社会である。モノで生活を安定させ、コトで自己実現を達成する時代になったのである。そして、モノはコトのための道具になった。これは人類が初めて遭遇する世界だと言えるだろう。

②知識の生産性から知恵の生産性へ

モノからコトへの変化に伴って、人間の頭脳の使い方も変わってくる。モノが出てくるためには隠れた〝知識〟の世界が必要であるのに対し、コトが出てくるためには隠れている〝知恵〟の世界が必要である。

モノのための隠れた知識とは、該当分野とは異なった分野から出てくる。例えば、機械分野の知識に、電気分野からの関連知識といったものが必要である。つまり、横の分野への広がりといったところから出てくる知識である。管理型企業の場合、こういう知識の議論はディベートになりやすい。

一方、コトのための隠れている知恵の世界は、感覚や心の世界であり、文化や哲学の分野である。これは、横ではなく縦の方向のため、ディベートにならず合意に到達しやすい。

①モノ（実在）：知識、量、20世紀まで、科学・技術の世界

②コト（存在）：知恵、質、21世紀から、文化・哲学の世界

初めて石器をつくったヒト属が、250万年間続いた①の世界から、現在、②の世界に突然変化したことが、混乱している理由である。①の世界でいくら努力しても、②にはならない。各国の政・官・財で隠れている〝知恵〟の世界を探し出さない限り、世界中でこの混乱は続く。

また、欧米の混乱と日本の混乱は質的に大きく違う。欧米の混乱は、20世紀までのグローバル時代の大量生産・大量消費を変えずに、その競争社会で相手をつぶして生き残ろうとする混乱であるが、日本の混乱は、21世紀型になった新しい社会と20世紀までの古くからある社会という2つの流れが混じっているために起きた混乱で、まったく質の違うものである。この違いは、表の世界だけを見ていては区別がつかない。隠れている世界を理解していないと見えない世界だからである。

欧米の問題点を別の角度から見ると、それらの国は、管理型社会にどっぷりつかっていて、モノへの態度を科学・技術の論理で論じている。これは、当然、現在あるモノを対象にして議論していく。しかし、自動車からスマホに至るまで、あらゆるものが市場に行き渡ってニーズが減少している現在、この混乱はつぶし合いの世界に入っている。一方、日本の問題は、現在の商品の次に要求されるモノはどういうものかを探っているときの混乱なのだ。

20世紀に入ってきた欧米型スタイルの日本社会、すなわち管理型の日本社会は、だんだんと消

えていく運命にあることは間違いない。この2つの別々な流れを和辻哲郎は「日本に於いては、学問は日本語を以てはなされなかつた」と言う。

「ここで氏が言おうとしているのは、そうした『学問的用語』と『日常語』とが切りはなされており、『日常語は大体として取残されてゐる』ということなのである」（長谷川三千子著『日本語の哲学へ』ちくま新書）

ほとんどの学会では、翻訳語でなされている。確かに、学問は欧米の翻訳語でなされ、明治から〝学問用語〟と〝日常語〟は別々であった。しかし、言葉をいくら変えてみても、言葉が出てくる心の世界には行きようがないが、ことばと心からしか知恵は出てこない。これが、現場が大切な理由だ。日本の社会をよく見ると、明治以降、縄文以来の日常語の現場と非日常語の無理な現場の2つが共存しているが、この結論も早晩出るだろう。

江戸時代までの日本の学問は日常語一本でなされていた。21世紀からは、日常語の自然な現場では日本型共同体社会をベースに日本型すみわけ社会を進めて、世界市場で20世紀までの欧米型競争社会から離脱し始めている。そして、そういう企業は、日常語以外はないに等しい。消費財から生産財に至るまで、こういう現象が増えてきている。例えば、日本製の写真機やオートバイはほとんど独占に近いし、自動車も独走態勢に入っている。生産財としての工作機械の中でも、高級品は日本製がほとんどの市場を占めている。食品、日用品を含め消費財は〝すみわけ〟商品が多く、これをつくっている生産財も無競争化が始まっている。つまり、①から②に、すなわち

〝日常語〟に日本社会は急速に変化している。グローバル市場用のモノづくりから、個別市場向けのコトづくりに変化している。

モノづくりの場所は、科学・技術・知識のモノから、文化や風土の知恵から生まれ出てくるコトへ変化してきている。日本の人口は、明治の終わりに約5000万人で、江戸の終わりには約3000万人であった。私見だが、21世紀以後の日本は3000万人くらいの規模で十分だと思う。もし全員がイノベーティブな活動をしたら、どんな社会になるだろうか。おそらく人類が今までに見たことのない社会になるだろう。現在でも欧米の現場はほとんど外国人で占められている。日本共同体企業では外国人はゼロに近い。21世紀型の農業でイチゴ、ブドウ、コメ等をつくっているのは日本人がほとんどだ。これらの企業の現場では翻訳された学問用語でなく、縄文から続いている日常語でなされている。そうでないと、日本型共同体文化から生まれるハイテクなすみわけ商品は生まれない。このモノづくり文化は、日本の町工場文化として、21世紀の世界のモノづくりにおいて重要な地位を占めていくことになると思う。

③場所の中のコトをどうつかむか

20世紀まではモノが不足していたので、安くて、そこそこ使えるもので、手軽に入手できるモノなら何でもいいという時代であった。21世紀になって、こういうコトを実現するために、こういうモノが欲しいという時代になった。「こういうモノ」は、「こういうコト」が発生する場所から生まれてくる。

場所とは何か。哲学的な議論は置いておくと、市場も現場も場所である。現在の現場の奥には、現在の現場を成立させている隠れている新しい現場があり、そこから隠れているコトが出ている。

隠れている現場が表に出てくると、さらにその奥に隠れている現場がある。20世紀までは現場(モノの場所)を広げてきたが、21世紀は現場を深めていく方向になってきた。モノでいっぱいになると、モノを広げる方向から、コトを深める方向へ行かざるを得なくなった。

自分のグループのコトを深めるとなると、他人の場所ではなく、そのグループの場所の問題になる。ところが、人間は一人では生きられない。仲間やグループの中で生きている。あらゆる生き物が生かされている自然を見つめていると、常に変化していながら、前述したように1つの整合性を持っている。われわれの身体は、要素と全体の整合性を持っていて、これが崩れると病になる。共同体も同じで、各人と全体が整合性を持っている限り、健康で生き続けていく。生き生かされているところが場所であり、過去から現在までの自分たちが生かされている環境はどのように変化してきたか、それに合わせて自分たちはどのように変化してきたか、という自分たちの歴史と今置かれている環境の交点がわれわれの生きていく場所だ。これは、20世紀までのモノの世界とはまったく別物の世界だ。場所は常に変化している。それに合わせてそこで生きていく人間集団も変化していかなくてはならず、そのための計画づくりが必要になってくる(第6部、第

7部参照)。

そのためには環境と集団はどのような関係になるかであるが、これまでは、現在の環境の現れている部分にのみ焦点を当て、どう対応するかの計画を立てるだけだった。しかし、変化する環境に対応しようとすると、将来の環境の変化を読まなくてはならない。例えば、モノづくりの産業とすると、すみわけ商品の開発には最低10年はかかる。そして、それを市場に合わせて改良し続けていって、初めて本物になっていく。生産財は少なくとも30年以上使えなくてはならない。そこからメンテナンスが始まり、50年、60年と使えなければいけない。必然的に、企業は長寿型にならざるを得ない。

そうすると、30年先を読めなくてはならない。自分の市場に関係する各分野の予測をしながら、年々改良して精度を上げていく方法しかない。すなわち、隠れている場所にある、隠れている商品を関係者で推測してつくっていくしかない。これは、20世紀まではなかったことだが、21世紀には、これが生き残りの唯一の方法になってきた。

変化する環境にどう対応するか、その計画づくりが必要になる。変化する場所の中で生きていくためには、生き抜こうとする関係者全員で、計画づくりを失敗しながら続けていく。失敗の原因を探って対策を立て、何回も繰り返しながら生き延びていく計画を見つけていくしかない。そして、これに関して頼りになるのは一族郎党の自分たちだけしかいないので、答えも自分たちと自分たちの場所の中にしかいない。前述した通り、この場所における変化は1回しか起きない。

ということは、何回も実験はできないということである。やがて、これは各人の生き残ろうとする運命共同体の〝志〟の問題となってくる。

④場所から出てくるコトが決める21世紀

自分一人で生きるという、いわゆる自己中心型の生き方は20世紀までで終わっている。場所の中で生き生かされているという〝場所中心型〟の生き方は、21世紀になって主流になっていく。場所とはどういうところで、どういうふうに成立したか。過去からどういうふうに変化してきたか。自分の生かされている場所は、場所全体から見てどういう位置づけになっているのか。こうした視点から、現場の隠れた次の姿が出てくる。そして自分たちが生かされてきた過去の現場の延長線上にある次の現場も見えてくる。

場所中心型の時代には、一番身近な現場である生活の現場、モノづくりの現場、人づくりの現場などいろいろな現場があるが、その1つを深掘りしていくと、次から次へと関係している現場が出てくる。そのような現場をベースに計画を立てていく。それは関係者全員で、共感と合意に基づいてつくっていくことになる。

ところで、生き物は、秩序のないところに秩序をつくっていく力を持っている。2人の異なった意見を交換していくと、ゆらぎながら1つの答えに達する。細胞レベルからすべての生命体は、ゆらぎを通して整合性を持って成長している。もし、このゆらぎがなかったら、生き物は存在していないだろう。人間のケースでも、体のゆらぎが止まったときが死亡だ。

自分が生かされている場所のまわりに、そこに関係する場所があり、これが全体へつながっている。それゆえ、単一のグローバル市場のようなものはあり得ず、グローバル化と言われるものはフェイクである。1つの場所のまわりに多くの場所があり、自分の場所を深く掘り下げれば、まわりの場所が見えてくる。これを続けていくと、世界全体がゆらぎを通して1つにつながっていることが分かる。これが、今西錦司が言った〝もと一つ〟から世界は生まれたということだ。これが人類にとって21世紀から始まる複雑系の世界の実体だ。

しかし、ここで絶対条件が1つある。それは、現場の集団が日本型共同体的であるということだ。例えば、一人でも非共同体化していると、これは成立しない。もとより新しいことをやろうとしているのだから問題点はいっぱいある。各人は問題点を知った上で、その解決策を議論するために集まっている。しかし、もしその中の一人が1つの問題点を指摘したら、これは解決にならないのみか、全員のやる気を削いでしまう。かつて20世紀までは、このタイプが評価されてきた。こうしてみると、いかにグローバル時代が薄っぺらなものであったかが分かる。と同時に、グローバル時代には、そうした非共同体的な組織はつぶれるべくしてつぶれていくと言える。

後述する「企計（企画＋計画）」は、21世紀をいかに生き延びていくか、言い換えれば、人間の生き方をつくっていくものだ。モノからコトへと変化し、どういうコトを実現して生き延びるか、そのために何を道具としてつくるかを考えなければならない。20世紀までのモノの計画時代は、失敗してもモノだけの問題で済んだが、21世紀ではそれが生死の問題に変わってくる。したがって、21世紀の計画は、20世紀の予測から洞察へと変化していく。仕事ではなく、生死に関係しているミッションへ変化してくる。そして、行動ではなく、志へと変わっていく。科学ではなく、いかに生きるかの哲学が必要になってくる。

モノづくりで見ると、欧米から始まった生産技術の隠れているところに、日本が発見した3S（日本の生産技術「カイゼン」の整理、整頓、清掃）がある。この3Sは生産現場で隠れたものを掘り起こすことで行きついた技術だ。生産システムのカイゼンを行っていくことは日米欧とも同じなのだが、日本の場合、現場の生産システムに隠れたカイゼンの中から1つのカタを見つけた。これは、日本の武道や茶道におけるカタと同じく、その道の匠《たくみ》たちが長年の努力の結果にたどり着いた世界である。

日本の武道の世界では、匠がその道で修練を続けた結果、到着した隠れた世界から出てくるものがカタである。このカタをめざして、自分の身体や知を日々鍛え上げていく以外に修練する方法はない。すなわち、日本の生産システムや3Sは、表の生産システムの裏にある世界から出てきたもので、匠たちと同じような道を歩まないと現れない世界のことである。これから見ると、日本は野球を野球道に、ラグビーをラグビー道にしようとしているように思われる。このように、日本では現場の技能の世界を徹底的に掘り下げることによって、カタの世界に行きつく。

表に出ているものと隠れているものの2つでモノづくりの世界は成り立っている。人間の身体は現れているが、心は隠れている。剣道や茶道のカタは現れているが、わざは隠れている。一方、「ルビンの壺」の絵のように、平面上の見方を変えて縦方向の見方を横方向にしても、この絵の隠れた世界は出てこない。古代ギリシャの哲学者ヘラクレイトス以後、表に出ている部分のみを扱ってモノは豊かになった。しかし、科学技術で発展させ、モノがあふれる時代は20世紀までに終わった。場所に隠れている部分は、論理的には出てこない。しかも、実験もできないので、直観に頼るしかない。それも一人ではなく、グループで隠れている場所を見つけるのである。

現在の日本企業の経営状況を見ていると、モノづくりは、モノからコトへと急速に変化しているが、経済指数はモノについてだけでコトの経済を表していない。だから、安くても車は売れない。高くても売れるというコトの経済をどうつかむかの問題である。500グラムで30万円のサクランボや1匹何億円もするマグロは、21世紀の現実だ。ここで最近感じることは、政府が発表する消費者物価指数（CPI）だ。日本のクリエイティブな集団から出てくる物価は高価になっていくが、一方、大量生産の現場から出てくるものは安くなっていく。同じモノでもこの差は年々大きくなっていくが、CPIは20世紀と違っていかなければいけないのではないだろうか。

21世紀のクリエイティブな製品とは、このような製品を言い、クリエイティブな社会とは、このような製品を生み出す社会を言う。このような社会は、モノの社会ではなくコトの社会であり、論理知ではなく身体知の問題である。量の社会ではなく質の社会であり、技術の問題ではなく文化・哲学の問題である。コトのCPIをどう表すかだ。

これからは、今までモノで表された計画を踏まえて、場所から出てくるコトの計画をどう表すかが問題になってきている。それは、自分の場所への対応の仕方によって、生死が決まるということでもある。

⑤21世紀のコトを満足させる方法〝すみわけ〟

コトは、現在のモノの奥にある隠れた要求である。グローバル市場と違って、ローカル市場から出てくる「こういうコトを実現するものが欲しい」という要求は、現在のモノの使い方、使われ方の中の奥にあるので、現在のモノだけをどういじくっても出てこない。ローカル市場は、前述したようにとどまることなく、常に流れて変化している。当然、要求されるコトも変化している。この変化から出てくる要求は、現在のモノとは違った新しい要求だ。これは、生産財メーカーと消費財メーカーが市場の中に入って直観でつかむしかない。しかも現象でなく流れだ。すなわち、ニーズをつかむ世界が20世紀と21世紀ではまるっきり違ってきたということだ。

これには、試作品を消費財メーカーの固定客に提供して感想を聞くしかない。何度もテストを繰り返し、完成度を上げていくしかない。このプロセスを経て、生産財メーカーと消費財メーカーは、現在の商品に隠れている姿をつかむことができる。そうして、できあがった商品は、この集団からしか出てこないと言われるような〝すみわけ商品〟になる。すなわち、無競争商品になる。無競争商品になるためには、少なくとも10年はかかる。これはモノづくり産業だけでなく、農作物のイチゴでもリンゴでも食品のソバでもパンでも同じで、21世紀の日本で評判のいいものは何らかの形ですみわけ商品になっていて、こうなるのに少なくとも10年はかかっている。

これは、前述の芸道や武道の匠たちの世界をモノづくりで実現したものと考えていい。しかし、武道や芸道と違って、モノのニーズはそれぞれの地方や文化ごとに無数にある。しかも、そのニーズ自体が変化していく。ということは、カタは無限にあるということだ。すみわけ市場は新しくなり続け、これに対応する企業も無数にあり得るということだ。そして、これが社会を進化させていく。21世紀の日本では、明らかにこの状況が生じてきている。

コトは何回も失敗して、すみわけを進めた結果から出てくるのだ。このようにして日本型共同体は場所の中に入って新しい世界を見つけていった。この結果、生産財メーカーと消費材メーカーの二者と固定客の市場は一体化した場所を形成していく。この共同体には、モノづくりの現場でつくり方を知り尽くしている技能者、製造手段を開発し続けている技術者、開発技術を常に革新し続ける科学者の三者が必要になってくる。これは、20世紀まで絶対条件ではなかったが、21世紀からは絶対条件になっている。しかも難しいことは、この三者で日本型共同体になってツーカーの世界をつくっていなければ、21世紀型のイノベーションは生まれてこないということだ。欧米のモノづくり企業が越えなければならない大きなハードルだ。

最近の前川製作所の無競争社会商品、トリダス、ニュートンはともに開発に10年以上かかっている。そして、これらの開発は、前川製作所の文化と伝統の中からしか生まれてこないものである。同様に、最近の日本の無競争商品と言えるサクランボであれ、マグロであれ、冷凍食品であれ、それらはすべて日本文化が生み出したものだ。

若者の教育の場合、現在の社会の次にどのような社会が現れるか、どのような人材が要求されるかが重要になり、産業界と同じように激変することがはっきりしている。現在の教育は、隠れている部分を発見しながら大きく見直されなくてはならないだろう。教育の場合は、モノづくりと違って非常に難しい。モノづくりの場合は、モノがあったので、モノを軸に隠れた次の市場を探り当て、それが結果的に、人づくりに直結していた。人づくりの場合は、モノづくりと同様、現場の現在の状態が現れている社会を探り、次の社会の隠れているところを探ることになるが、人づくりはモノづくりよりも感覚が大切であり、すべて感覚の世界に始まり感覚の世界で終わることになる。

しかし、ここで大事なことは、すべて生活の現場から問題を拾わなければならないということだ。遊び、学び、モノづくりなどは、すべて生活の現場でしか問題を見つけられない。ここからしか隠れている問題にアプローチできない。これを飛ばして論理からスタートすると、二元論になり、日本的な解決にはならない。つまり、集団の中に入って生活をともにし、隠れた教育の世界に対応しなければ、日本型共同体の教育を壊すことになる。

和敬塾は1955年に設立されて以来、60年以上にわたり、毎年、数百人の大学生とともに日本の人づくりの教育の奥にあるものを探っている。そして、その成果は大きく上がっている。和敬塾から見ると、戦後日本の教育は完全におかしな方向に進んでしまった。小学生が自殺したり、中学生の女子が自分の母親を刺し殺したりするようなことが連日起きている。江戸時代にこんなことは起きていただろうか。特に戦後、日本人の教育の奥に隠れている部分が失われ、日本文化に合わない欧米の教育システムを100％取り入れたことで、今日の混乱を引き起こしているようにしか見えない。早急に日本共同体社会から失われた〝すみわけ〟教育を取り戻さなくてはいけない。

モノづくりの立場から言えることは、社会がグローバル市場から個別ローカル市場へ、管理型から共同体型へと移行し、大展開が始まっていることだ。これは教育を含むすべての分野と大きく関係していると思われる。モノだけで完結していた20世紀までの世界は崩壊し、あらゆる分野と関係を持つ複雑系の世界になったことの現れだ。グローバルなモノの時代は、表に現れている単純系の世界の対応だけで十分であった。脱グローバル化が起こり、コトの時代になると、今の世界の次に何が来るかをつかむことが大切になってきた。

すみわけの世界は科学や技術からは出てこない。共同体の感覚の世界からしか出てこない。20世紀までの論理一本の表面上すっきりした世界は、21世紀からは消えていく。この論理一本の単純な世界は、グローバル時代の終わりとともに去って、ヒト属が生まれる前の自然な複雑系の世界に戻るということだ。しかし、ヒト族は、グローバル時代になって、他の生き物とはまったく別の存在になったことをわれわれは強く意識しないといけないだろう。

このことを河合雅雄は『森林がサルを生んだ』の中で次のように述べている。

「肉食獣的性向は攻撃性を残虐性へ転化させる動力となったが、一方、草食獣的性向はやさしさ、思いやり、親切、いたわりなどの美徳を生みだす源泉となったのである。草食獣であるとともに肉食獣であるという二面性、これこそが人類の奇妙な存在様式であり、自然生態系からはみださざるをえない宿命なのである」（河合雅雄著『森林がサルを生んだ』平凡社）

実は、これは恐ろしい指摘で、最近のウクライナ戦争はこの現れであろう。一方、日本は縄文以来、草食系として生きてきた。この「やさしさ、思いやり、親切、いたわり」などが草食系の類人猿の延長としての日本型共同体社会のすみわけをつくっていった。21世紀の場所で生きていくためには、場所の要求するすみわけの世界を見つけ、これを実現していくことだということは前述した通りだが、自分一人だけで場所の生き方を見つけていくのは到底不可能だ。しかし、欧米のやり方は、これをやろうとしているように見える。そのような中途半端ではダメだ。

ウクライナとロシアは別々なところもあるが、同じところも多く持っているだろう。すみわけの場合は、この二者の同じところからスタートし、話し合いながら心の奥に入り、まったく新しい合意を発見して、二者ですみわけの世界を見つけるのだ。そのためには、二者間で非日常の世界に入り、跳ばなければこの世界は実現しないだろう（第4部、第5部参照）。

第3章 表の現象とその奥にある世界

①現象の奥にある世界を見つけた縄文時代

時間軸（歴史）と空間軸（環境）の矛盾した2つの大きな流れが交わって、それが1つになっているところで生活しているのが、われわれの現実・現状である。そこがわれわれの生かされている場所なのだが、見えている現象から、それを生じさせている、隠れている新しい場所を発見することは、深く考えないと到達できない。古来から、仏陀をはじめ、名を残した人は何らかの方法で隠れている世界を見つけて行動してきた人たちだ。しかし、繰り返して言うように、われわれは20世紀までの大量生産によるモノ中心のグローバル時代が終わり、その奥に隠れている新しい世界に入らないと生き続けられないという時代になったのだ。

ところで、仏教では、現世は仮の世界で、本当の世界は現世では見えない隠れている世界、すなわち、死後の世界と説く。一方、21世紀のわれわれにとっては、自分の日常の世界を離れ、非日常の世界に入っていくことにより、そこから新しい場所についての答えを見つけられることが観えてくる。これを、われわれは〝跳ぶ〟と称している（第5部参照）。

人類の歴史において、論理を軸にした、表に現れている世界（文明）を中心とした時代が長かったため、時間軸と空間軸の2つの軸が重なり合う点に立ち、隠れている世界の中で計画をつくって生きるといった経験がないが、1万5000年前の縄文人は、空間軸と時間軸が同時に織り成す場所（文化）に実存していたのだ。

縄文人は、人工的な世界ではなくて、自然環境の中の「空間」と「時間」が重なり合う場所にじかに向き合って生きていたと言える。これは、豊かな自然環境があったために動物を狩る必要が大陸国よりも少なく、草食中心の生き方をしてきたことにもよる。世界人類史の中で、日本の縄文人ほど、この相容《あいい》れない2つの交点で何万年も生きてきた歴史はない。例えば、「今年の春はこういう状態だから、今年の秋はこうなるだろう」というようなことを考えて生きてきた。春の現象を深く観察することによって、春の隠れている世界から、秋を予測して備えていったのだろう。日本の変化の激しい自然環境は、この傾向を強める文化を持った社会をつくっていったのだろうと考える。この特殊な生き方が、日本人の文化、言語、DNAをつくってきたのではない

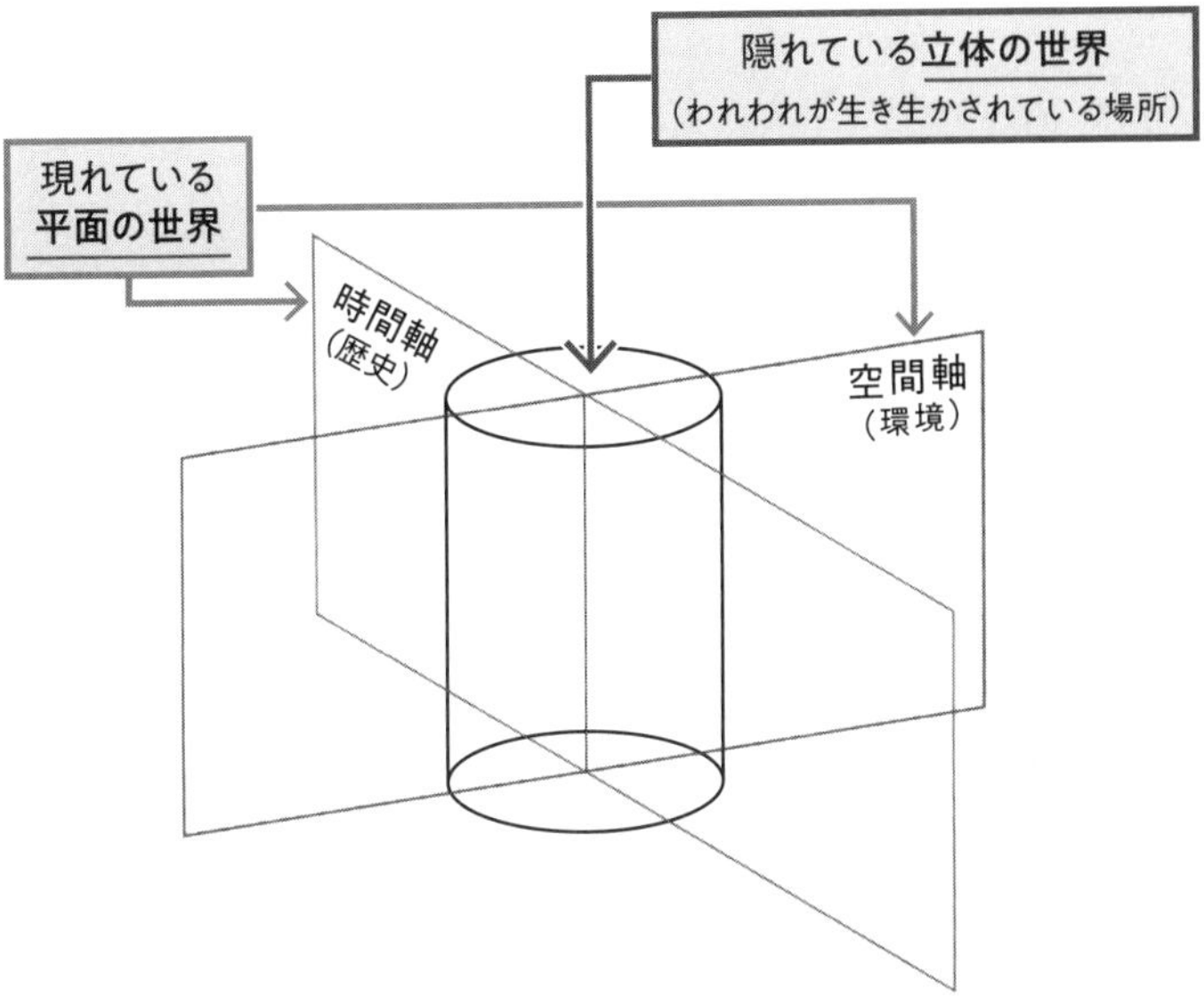

だろうか。確かに、定住した狩猟採集時代を1万年過ごした歴史を持っている国は日本以外にはない。これは日本の自然がいかに豊かであったかの証拠だが、このことによって、自分たちが生かされている自然を深く知ることになった。その結果だろうか。

角田忠信著『日本人の脳』（大修館書店）によれば、日本人は風の音や虫のなき声を左の脳で聴くという。

これは、日本人以外にはいないそうだ。現在起きている現象の本質、すなわち、風や虫の鳴き声の中から、今の現象の奥にある、その現象の隠れている世界をつかむ能力を多くの失敗を通じて身につけてきたのではないだろうか。こうして、縄文人は「人を知る、自分を知る、世界を知る」という日本型共同体社会を発達させてきたのだろう。この伝統が、現在の日本のモノづくり、人づくり、社会づくりに生きている。欧米の管理型社会を受け入れた現在の日本社会の一部では、残念ながらこのセンスは忘れられてしまっている。

ホモ・サピエンスの歴史において、人間のつくった「人工物」、すなわち「モノ中心」になってからの歴史が長く続き、そのためのツールとして論理、科学、技術をつくった。さらに、それを極端に肥大化させ、われわれは人工的な世界の中で抵抗感を失って生きてきて、時間と空間の織り成す場所の原点のことを忘れてしまった。現状を見極めることはできても、その本質は何かという深い世界を洞察する能力は落ちてしまった。

いよいよ、自然環境＋人工環境の変化の中にじかに生きる時代に入ってきた。

21世紀の世界では、人間がつくった「人工環境」を含めた「環境の理解」はより複雑になり、理解するには高度な見識と長い経験が求められるようになった。「環境変化」の現象を見ることはできても、その「環境変化」の本質を見極めることはさらに難しくなる。これは、現在の場所を成立させている奥にある、隠れている場所を見つけて、将来自分の生かされている場所がどのように変化していくかを予測しなくてはいけないからだ。

これは、確かに難しいのだが、われわれに勇気をくれていることは、先祖の縄文人は1万年もの長い間、この日本列島の自然環境に隠れている世界を見つけ、平和で豊かな文化に満ちた世界を送っていたという歴史である。しかし、その後、人類は自然環境とは別の人間中心の社会環境をつくってきた。この2つは関連しながら別々の世界をつくっている。20世紀までは社会環境を中心に生きてきたが、21世紀はこの2つを1つのものとして生きていかなくてはならなくなってきて、隠れている世界はより複雑になっている。そして、これは現在の日本のいろいろなところに現れて、21世紀のイノベーティブな企業はこれを取り込み、日本独特の〝すみわけ〟の世界をつくっている。現在の日本人は、われわれの中にある隠れた世界を見つけ、そこから新しい目で新しい世界を発見し出している。

②〝人〟の社会と〝人間〟の社会

日本以外、特に欧米では〝人〟を中心に社会は進んでいき、17世紀、デカルトは「我思う、ゆえに我あり」という自己中心の世界観に到達した。孤立した個としての人の社会は、階級社会をつくり、管理型になっていった。それは〝個〟を中心にした人の社会をつくった。

その反面、日本では〝人間〟を中心に社会は発展してきた。〝人間〟とは、人と人の間であり、ここには場所も含まれている。人間を中心とした社会は環境と一体化し、場所を深く知るようになり、共同体社会になっていった。縄文人は〝ことば〟の出てくる〝心〟との対話によって、人と人をつなぐ間を見つけた。そのように人と人の間を中心として考える社会が、縄文時代以来、日本にはある。縄文時代にスタートした日本人社会とそれ以外の社会は別格であり、あえて日本型共同体社会と称するゆえんである。

人を中心とした社会はここまで大きくなってきたが、現在、大きな問題を抱えているのは当然のことであり、その大混乱は人の社会から人間の社会に戻ろうとするところから起きている。これは自然なことなのではないだろうか。人と人の間を人間社会と考える日本型共同体社会では、グループの中で別々の考えがあっても、話し合いをして合意に至る文化を持っているが、個を中心とする社会では管理型のルールに従うしかない。これが欧米社会で弁護士が多い理由だ。

日本は、明治以降、欧米の人（個）に相当ゆさぶられたが、21世紀になって、もう一度、縄文から続いている日本型共同体の人間の社会に戻りつつあるように見える。

前述の角田忠信も先の著書の中で次のように書いている。

「我々、日本人はこの一世紀の間に、あるときは過去の日本の土着のあらゆる文化を否定してまでも西洋文明を受け入れてきた。……（中略）……しかしこのような観点に立ち得たとすれば、それは完全に西欧人の窓枠で物を考えるということにほかならない。……（中略）……そしてこのような借りものの窓枠で自然認識を続ける限り、日本人の頭脳で考えた日本的独創というものは決して生まれてこないのではなかろうか？」（角田忠信著『日本人の脳』大修館書店）

角田の著書は1978年に発表されているが、2023年の現在、まさにわれわれはこの立場に立っていると言えるのではなかろうか。

現在の表に出ている問題の何（What）を解決するのかという計画と、その場所の中での生き方を実現するためにどうすればいいのか（How）はまったくの別物である。集団がその場所でいかに生きつづけるかという問題は、前述したように、歴史、文化、哲学の問題であるのに対し、それを実現するにはどうしたらよいかは、主に技術的な問題である。

ここで改めて、縄文人が創った日本型共同体社会のあり方が、21世紀の人の生き方（How）に大いに参考になる。現在の生き方の奥に隠れた世界があり、この隠れた世界の将来を見つけて、生き延びていくために大いに参考になるのが、人と人との間と場所を重視した縄文時代であった。この時代、各人は、自分の特長を活かして食物を集め、全部持ち帰って、全員に平等に配ったということ。おそらく、そういう生活を通じて、各人の見た環境の変化も大いに話し合われたのだろう。そして、全体の中で自分が生かされている環境の本質（隠れている場所）を見つけていったのだろうと思われる。

③ 〝公〟に対するイノベーションは「ありたい姿」から

人と人との間にある場所では、その延長線上にあるわれわれの生かされている場所のニーズを対象にすることになるが、その地域のニーズがどう変化するかを予測することは大変難しい。しかも、世界中の情報は、この場所にどんどん流れ込んで、ニーズ自体も他地域からの場所の情報によって変化する。しかし、この中で唯一の救いは、われわれもその場所の中の一員だという事実である。

20世紀までと違って、これからは「風が吹けば桶屋が儲かる」、または「東京でチョウチョが羽ばたくとニューヨークで嵐になる」という複雑系の社会だ。言い換えれば、単独で存在するものは1つもなく、すべてがつながって関連を持つ社会になったということである。

こうなると、トップがつくった計画を自分の意志に関係なくどう実行させていくか（管理型）と、グループの意志と自分の意志が一体になって計画をつくり、地域のニーズに対してどう対応していくか（共同体型）の差は大きく、前者の生き方はこれから存在できなくなるということだ。

これからの計画は、20世紀のようには自分勝手に立てられない。ここで考えられる対策は、この集団がこの場所でこう生きていこうと決めた「ありたい姿」を軸に、各人がこの生き方を実現するために全力で行動するしかない。それには、表の世界と隠れている世界が全体だという意識を強く持って「ありたい姿」の実現をめざしていく以外に方法はない。これが個人にとっても21世紀の自己実現の方法である。

20世紀までと違い、各人は失敗を通じて成長していくしかなくなった。ただし、自分の行動、そしてその過程と結果は、関係各人にすぐに伝え、常に各人の情報が全員に伝わり、全体があたかも1つの生命力を持った生き物のように行動することが大切である。これが日本型共同体で、スマホやメールなどのツールによる伝達方法では機能しない。直接、人から人への方法だ。

前述したように20世紀まではモノが目標だったが、21世紀からは、生きることが目標になってきた。個人にとって、20世紀までは作業が中心であったが、21世紀からはミッションや志になっていく。個人の行動が、グループの生死に直結していくことになる。人工環境のもとでは争いは絶えなかったが、何だかんだと言っても、1つの種族が全滅することはなかった。ところが、これからはその可能性は十分にある。現にヒト属のケースでは、ホモ・サピエンス以前の19種類の種族は絶滅している。

ここで、個人の行動は、20世紀と21世紀では大きく変わることになる。これは、個人の志のレベルを、成功あるいは失敗を通じて上げていくことになる。この結果、グループの行動は、20世紀と違って、環境と一体になっていくことになる。すなわち、公の意識が強い集団になっていくことになる。

ここで個人として人がつくる計画か、共同体として人間がつくる計画かの差が大きくなっていく。ここで言っている公とは、欧米で最近言われているステークホルダー――株主だけでなく、顧客、仕入先、従業員、社会――という自分中心で見た公ではない。時間軸・空間軸を含めた場所に対する公であり、自分から見た時間軸・空間軸だが、これは複雑系の21世紀では全世界に広がっている時間軸であり空間軸である。公とは、自分、または自社中心ではなく、自分の生かされている場所を含めた、全世界から見た自分や自社の公だ。

この場所の公の中には、すべての生き物、動植物はもちろんのこと、細菌に至るまで入っているし、水や空気を含む環境全体も入っている。当然、場所の中には過去と将来も入っている。これがSDGsと違うところだ。すなわち、場所に対する公だ。

21世紀になって、日本の社会は、そのような公の意識が強くなってきている。前述した最近の日本型イノベーションにおいても、公に対して自分がやるべきこと、すなわち、場所が自分たちに期待していることを実現しようとして「ありたい姿」にまとめたものが21世紀の企計になる（第4部参照）。

④隠れた世界と高齢者

21世紀型のイノベーションは、失敗を通じて成功に近づいていく多くの経験が必要で、ここで失敗を多く経験している高齢者の役割が大切になってくる。この点からも失敗が原点になっており、下手をすると始末書を書かされる管理型社会は21世紀には向かない。20世紀までのグローバル時代は、流れでなく点にあるモノを対象に科学技術で計画をつくるため失敗も少なく、結果的には大量生産型になっていったのであるが、モノからコトへの変化は、知識から知恵の世界で、必然的に失敗経験が豊富な高齢者の出番になってきた。その上、自分たちが生かされている場所から出てくる要求に応えてイノベーティブな商品をつくろうとすると、その場所で長く仕事をしていた高齢者の見方は非常に貴重な意見となる。これは、高齢者が外部から内部を見る立場に立っていて、内部の欠点と利点を客観的につかめるからである。

これは、多くの失敗の経験がある高齢者からしか出てこない。日本型共同体社会の高齢者は、自分たちの場所を外部から見ている。自分と隣接している外部のすべての場所からの情報を自グループ内に流し込むという大切な機能を持っている。

高齢者から出てくる知恵は、自グループの短期、長期の場所をどう生きるかという戦略に反映され、中年層内部の戦略と併せて、生き続けるために欠かせない戦略になっていく。中年層の戦略が表に現れている戦略とすると、高齢者からの戦略はその奥にある隠れている戦略と言える。

欧米型が現れている部分の戦略だけだとすると、日本型は現れている部分と隠れている部分を含めた戦略と言える。これが、日本に長寿型企業が多い理由になっている。日本型の戦略によって生まれる〝すみわけ〟商品は時代を経てより高度になっていき、これも結果的に長寿型になっていく理由である。

⑤隠れた世界を直観力で見つける高齢者

日本型共同体社会は完成度を上げていくにしたがって、年齢別に3つの自然な層に分かれてくる。高齢層、中年層、若年層——この3つの層が各々の機能を持ちながら、時代とともに三者が一体となっていくと、この共同体のすみわけの世界が出現してくる。

しかし、こうなるためには、少なくとも50年か60年はかかってしまう。20代で入った若年層が、中年層や高齢層と仕事をしながら日本型共同体社会をつくるための時間が必要だからである。ここまでくると、社内には全員が共有している文化が自然にできあがってくる。これ以降、市場との関係はますます深くなり、それにつれて日本型共同体社会も進化することになるので、日本型長寿企業として200年、300年と続くことになる。これ以外に、長寿型企業になる方法はない。これも縄文時代に成立した日本型共同体の流れから来ている。

この中で、グループの実体を動かしているのは中年層で、若年層の指導をしながら、新しい世界を開いていく。しかし、この二者で解決できない問題に行きついたとき、頼りになるのが高齢層である。縄文時代も、春の気候からその年の秋の変化を予測するのは高齢者の経験からくるものが大きかったのだろう。特に21世紀は、20世紀になかったような問題が連続して起きてくる時代になった。変化する場所から出てくる課題には、場所を深く知っている高齢者からの情報が不可欠で、高齢層は今までの失敗の経験の中から現在の問題点につながるようなアドバイスをし、これを参考にしながら課題に対応していく。その過程で中年層、若年層は成長していく。このようにして、このグループのすみわけの世界を拓《ひら》いていくことになる。

高齢者が経験した失敗の多くは現れている世界での失敗なのだが、これを数多く経験することにより、次第に隠れている世界に入り出すようになる。おそらく、この三者の中で、高齢層は、現実の問題の内部に隠されている世界からの情報を感覚的に一番持っている世代になってくる。これは同じ場所で長く仕事をしていることで、自然と身につく身体知のようなものである。

高齢層は、グループの特長をつけていく大切な機能を担う。中年層が頭脳だとすると、高齢層は心に相当するだろう。グループの中では、高齢層はかけ込み寺の役割を果たし、一番尊敬されている。このグループ独特の技術・技能の経験は高齢層が持っているので、これは当然のことである。市場との関係においても、長年つきあっている市場の歴史、人間関係などからくる深い読みがあり、その業界の将来についても若年層とは違った情報が長い人間関係から出てくる。

そして、高齢者にしか持てない決定的な力がある。それは直観力だ。長年の成功と失敗の経験を通じて、高齢者は、表に現れた世界から隠れた世界を発見するという鋭い直観力を持っている。そのように、高齢者グループは大事な存在だ。例えば80歳の高齢者であれば、企業のように20歳くらいから所属しているとすると、集団が成り立っている場所におよそ60年もいることになる。この集団から出てくる直観力による隠れた世界を見つける力は圧倒的だ。この直観力が集団のすみわけの世界を広げてきたと言っても過言ではないだろう。

自分の場所を通して隣接している世界を見ていると、それぞれの変化を感覚で理解するようになり、直観力を鍛えることにつながる。直観力は、場所の隠れている部分を観る力だ。生物は発生したときから、この直観力で生死が決まった。最近の報道によると、極端な人口減は中国、超少子化は韓国、そして、超高齢化社会は日本だそうだ。21世紀は日本の世紀と言ってもいいのではないか。

昔から、日本型共同体には〝オサ〟(高齢層)と〝カシラ〟(中年層)と〝ナカマ〟(若年層)がいる。そしてオサは一人ではなく、オサの年代が高齢層グループになり、カシラの年代も中年層グループになる。それ以外の若手がナカマ（若手層）グループを形成することになる。

高齢者は、長年の経験から自分の関係している分野が将来どのように進んでいくかについて、中年層とは一味違った見通しを持っている。これは、将来計画をつくる際に非常に大切な情報である。日本型長寿企業はこのような構造と機能を持っているのだ。おそらく、これからの産業社会では、高齢層は、若年層の一番いい相談相手になるのではないか。なぜなら、若年層に一番不足しているのは、高齢層の持っている社会に対する経験知だからだ。

このような共同体にとってもう1つ大事なことは、中年層がリーダーを務めているということだ。日本以外の社会では、リーダーはその集団の最高権力者で、リーダーの思った通りのことができる組織になっている。立派なリーダーがいるところは大きく伸びる。しかし、このリーダーも歳とともに衰えていき、ついには集団そのものが崩壊していく。このような例はいくつもあり、このために日本以外の企業や王朝は1代か数代でつぶれているところが多い。あらゆる日本の組織を見ると、この流れに合ったところは長続きし、この流れから外れたところは消滅していった。これが、日本以外の社会と大いに違うところである。

ヨーロッパで株式会社がスタートしたときから、会社は株で売買される商品の1つだった。一方、日本では、共同体である集団は命を持っている生命体と考えられていた結果、何百年も続く長寿型企業が出現しているのだろう。これは、何万年もかかってできあがってきた日本型共同体社会の宗教観だろう。すべて機能しているものには命があり、これには神が宿っているという〝公〟の日本教だ。これから考えると、TOBやM&Aは日本にはなじまない。

⑥日本に長寿型企業が多い理由

日本型共同体社会の高齢者は、若年層や中年層の内部世界を経て、企業の外部世界を中心に活動することにより、公と直接に接している共同体企業にしていった。公化した方面への情報を現場のグループにもたらし、企業のすみわけの世界を深めながら老成という長寿型企業の域に近づいていった。それは、若年層（自分が所属しているグループと公）、中年層（自社と公）、高齢層（自分が属している社会と公）というように、場所の中で公のレベルを変化、成長させながら老成をめざしていく。

このような共同体型企業にとってもう1つ特長的なことは、中年層がリーダーを務めているということだ。

ところで日本は段違いに長寿型企業が多い。世界一古い会社は創立1400年を超えている金剛氏による金剛組で、明治以前に創立された企業は3000社に及び、明治時代に創立された企業は2万社を超えている。

それらの企業では、若年層、中年層、高齢層の三層で環境の変化と自グループの歴史的な流れである時間軸と空間軸からすみわけ戦略をつくり、場所の中で生き続けていくことにより、結果的に長寿型になっている。これは高齢者の役割とリーダーの関係にかかっている。高齢層（オサ）は、リーダー（中年層、カシラ）を立てながらリーダーに自分たちの経験と外部世界の情報を伝えていき、リーダーはオサを含めた全体性を常に考えながら役割を果たしていく。こういう共同体だから、日本の皇室や社会は安定しながら発展し長く続く。

「君臨すれども統治せず」の高齢層（オサ）と「統治すれども君臨せず」の中年層（カシラ）をつくってきた日本型共同体のもう1つの特長としては、若年層がつかんできた新しい情報（技術面でも社会面でも）と中年層や高齢層にはない新しいセンスを大切にすることだ。と同時に、高齢層の持っている経験や集団の文化を大切にし、この2つを合成して、他の二層との合意を得る力が中年層には備わっている。

21世紀になって、成長を続けている日本型企業は、江戸時代の長寿型企業の流れを継いでいて、高齢者グループ（ダンナグループ）と中年グループ（番頭グループ）と若年グループ（ナカマグループ）になっていく。各々《おのおの》が独特の機能を持ちながら、全体性を保っている。この江戸時代のタイプは、奈良、平安時代を経て、縄文時代からつながっていると思う。縄文時代から各地に自分たちの場所を見つけて定住して、すみわけの完成度を上げて豊かな生活を実現した集団は、1万年かかってこのような3つの機能に行きついたのだろう。

その流れを受けて21世紀の現在、日本酒業界や織物業界には何百年にもわたる長寿型企業が存在している。そして、灘の酒とか京都の西陣のように何軒もの企業が集まり、群れている。これは他社を見ながら自社のすみわけの世界を見つけていくためのものと考えられる。争うためでなく、すみわけの世界をめざして、現実の自社の現れている世界から隠れている世界を見つけるために集積していると考えられる。この一事を見ても、欧米型の企業社会とは完全に別物で、縄文時代から長く続く日本型共同体社会から出てきたすみわけ産業社会だ。そして、これも長寿型企業が多い理由の1つになっている。この原型が縄文時代に成立していたことは何回も述べてきた。これは、長い歴史の中から自然にできあがってきた文化であるため、その後、いくつかの異文化が日本に入ってきたが、それらも消化し、新しい日本文化として日本型共同体社会は発展し続けている。

⑦日本型長寿企業の評価の仕方

そういう組織では、個人個人の評価はどのように考えられているのだろうか。これも参考になるのは日本型長寿企業である。前述したように、縄文時代から受け継いできた文化の中で、自然に成立しているものであるので、論理的に文章化することは難しいが、日本型長寿企業で昔から続いているものが多くある。まず、一番大切にしていることは、アウトプットの数字だけではなくて、全人格的な評価を重視しているということである。ある期間における個人の売上高や利益額による評価と、その人の全人格的な評価は必ずしも一致しない。その場合、日本型共同体社会では全人格的な評価を主にした。つまり、表に現れている部分よりも隠れている部分を評価したのだ。

これはどのようにして成立していったのかというと、これも縄文時代の仕事の仕方に根っこの部分があると思われる。当時、常に変化している場所で、縄文人たちはどのように生きていくか、生かされているかをいくつもの失敗を通じて学んでいったのだろう。

そして、二度と起きない変化が常に起きている自然の中にも、数多くの経験を通じて、前述したように隠れていて動かないものがあることに気づく。さまざまな経験を積みながら自然の変化に自分たちを合わせて生活を豊かにしていったのだろう。そうして現在の現象の奥にあるものを学ぶことになった。このことは個人に対する評価でも同じで、その人の隠れている部分を大事にした。

集団間の物産の交流も大切なのだが、それ以上にそれぞれの集団の隠れている価値を理解し合うことを大切にして、文化的に統一された自然国家として存在することになったのだろう。地域ごとに違った自然環境にあっても、北から南まで約3000キロに及ぶ細長い島国で、北は北として豊かであり、南も南として豊かだったため、地域が違っても奥にあるものは共通している争わない穏やかな文化をつくってきたのだ。これが数多くの国があるヨーロッパとは決定的に違う点だ。

それらの結果、日本型共同体は、モノによる成果だけでは評価はしなかった。共同体社会では、各人忙しいときもあれば、手がすいているときもある。手がすいているときは、他人を手伝いながら他人の仕事を覚えていく。自分が忙しいときには、他人が手を貸してくれる。このような仕事の仕方が、結果として自分の仕事を実現しながら共同体内の仕事も身につけていくことになり、全体の中での自分の位置づけを覚えていくことにつながる。これが自己実現をしながら、自分たちの生かされている場所を理解していくということになっていく。というより、これ以外に自分を知り、成長させる方法はなかった。そして、これが、日本型共同体社会における個人の評価になり、長寿型社会になっていく。

縄文時代、その人の収穫物は日によって多くなったり少なくなったりするのは自然のことだが、日本型共同体では、収穫物の多寡によらず、自分の自己実現をしながらグループ全体の仕事を覚えていき、場所に対する全人格的な評価をするようになっていく。

同じ場所を共有しながら生きていくという〝私〟と〝公〟が1つになっている世界を実現していった。しかし、モノの世界ではこの2つは別々の評価をするであろう。公をめざした日本型共同体社会では、公としての個人の活動を大きく評価の基準に入れたのだ。これも1万年続いた日本の縄文時代に、場所と一体になることを通じてできあがってきた日本型共同体社会の文化によるものだ。数字をベースにした評価システムは分かりやすいが、日本型評価システムはその集団でしか理解できない。

このように〝私〟でもない〝公〟でもない、そして〝私〟でもあり〝公〟でもあるという2つが1つになっている状態は、自分と他人との関係と、生きている自グループと生かされている場所（環境）との関係とも同じになっていく。しかも、環境は常に変化しているので、グループも個人も変化し続けていく。これが20世紀までの単純系の社会と21世紀からの複雑系の社会との差である。前述したように、何回も実験をすることで成功を見つけていける社会ではなく、1回しか起きないことが連続する社会でどう生き残っていくかを考える時代に入ったということだ。

そして1回しか起きない、実験できない社会では、一人で決めて成功する確率はほとんどないが、共同体の中で同じ目的を共有しているメンバーと相談しながら生き残るしかないということを学んでいった。そして同じ目的を持った集団が集まって、それぞれ他グループの生き方を参考にしながら、他グループとは違った生き方を自グループで見つけていくために、日本では同業者が一地域に集まっている。これも日本以外の国では見られない。

これらの企業集団ばかりでなく、同業者集団でも、集団の長は日本型の全人格的な徳を持った人が選ばれている。これらは必ずしも投票で決められていない。欧米はおそらくパワーか投票か地位で決めてしまうのだろう。これが日本の政治と欧米の政治の大きな差になっている。明治以降、欧米型の政治に大きく影響されてきたが、これも教育と同じで、見直しの時期にきているように思える。

第2部

日本のモノづくり

第4章 日本のモノづくりの歴史

①言語化する難しさ

日本型のモノづくりの身体知は、共同体という公の世界の中で〝公的な私〟をつくりあげていった。欧米では、公と私はあくまでも別々のもので、個人の私益を追求する私の世界と、場所で活動する公的な私の世界ははっきりと分かれている。欧米の二元論に対して、日本は一元論になっている。

この日本型の世界も長い歴史の上でつくりあげられていった文化であろう。そして、この一元論の身体知は、個が共同体の中で行動することによって、公の中の私として成長していく。

しかし、この共同体は、自分たち独特の1つしかない世界であり、この共同体も1つしかない場所の中で成立しているため、グループ外の人に伝えるということが非常に難しい。共同体の中で行動し、自分たちの直観で得た身体知が深まっていくと、集団の隠れている世界のことなので、深まれば深まるほど言語化は難しくなっていく。

宮本武蔵の剣の世界を言語化するニーズは武蔵にはないが、共同体は言語化しないと、外部の人に理解してもらえず、外部からの情報ももらえないので、共同体の停滞が始まる。この仕事は、外部の人にはできない。外を拒絶しているのではないが、独特の文化の世界だから自分たちでやるしかない。

非常に難しいことだが、表の世界と隠れている世界、すなわち日常世界と非日常世界を行ったり来たりしながら言語化する力をつけていくしかない。非日常世界に入ると、日常世界の私は消えていく。つまり、公的な私の世界に入っているので、自分はいるのだけれども〝我〟がない〝無〟の世界に近い。このときに、浮かんでくる言葉も〝私〟を離れているために、共同体の公の言葉としての普遍性が高くなる。

日常世界は個人の表に現れている世界であり、非日常世界とは個人の奥に隠されている世界のことだ。この2つは、人間の心と体のように合わさって、本人の世界をつくっている。普通は表に現れている日常世界だけで過ごしているが、非日常世界に入ることは身体知の言語化の力をつける上でとても大事なことであると同時に、この世界を知らないと、人生の大切な半分を知らずに終えることになる。このことを老成というのだろう。

自己の変革は、自己の日常世界と非日常世界の合わさったところから出てくる。それは自分の気がつかない新しい自分の世界に入ることになり、自分の2つの世界を知らなければ、21世紀の表に現れている世界と隠されている世界に気づくことはできない。そういう意味からしても、20世紀のグローバルな世界から21世紀のローカルの中で生きていくという生き方にとって、この二元論から一元論への変化というものは、ますます重要になってくる。これが、生死を決めると言っても言い過ぎではない。

モノ中心のグローバル時代と違って、場所の中で成立するローカル時代は現場の中で行動することによって、自分の場所を通じて直観が生まれる。それを自分の中で主観にして人に伝えるということは、自分の感覚の世界、すなわち心の世界を伝えるということになる。そして、二人が同じ世界に入ったときに共感が生まれる。ただ感じたことの表面だけを言語化するのであれば簡単なことだが、それでは感じたことの1%か2%しか言語化できていない。

山極壽一京都大学前総長の動物学の本を読んで感じることは、サルやゴリラには言語がないため、感覚だけで伝え合っているのだろうと思う。それでお互いに全部と全体が伝わる。置かれているまわりの状況も伝えている。そう考えると、人間は伝える力を言語だけに頼ることになってしまい、動物が持っている、感じたことをそのまま伝える力を今はものすごく落としてしまっていることが分かる。その意味で、パソコンや携帯電話はものすごく罪が重い。人と人が会わなければ、共感は生まれないし、21世紀はスタートしない。それをもう一度取り戻そうとしているのが今だ。というより、取り戻さないと21世紀に入ることはできない。言語だけに頼らず、生きるための直観力を伝え合って生き続けるということである。これはゴリラと同じようにお互いに会って話さないといけない。

同じく動物学者の本にこんなエピソードがある。アフリカの森に行くと、サルがワーっと木の上を通っていて、それを案内役の現地人が「あっ、今、サルが何匹通った」と言う。われわれは何回見ていても、「1、2、3」と数えているうちに、サルの群れはさっと行ってしまう。ところが、現地人は、瞬時に全部をとらえている。それで何匹いたかが分かる。こういう感覚をわれわれはすっかり落としてしまったと書いてあった。直観力の劣化と言うしかない。

おそらく、そういう感覚は、縄文時代の日本人には備わっていて、非常に鋭く深かったと思う。今、場所の中で生きる直観をもう一度取り戻し、さらに言語化して伝える力を持たなくてはいけないと思う。

②モノづくりの表に現れている現象と隠れている本質の世界

250万年前、こういうモノをつくったら、こういうコトができると考えた類人猿がヒト属に変化していったことは前述したが、同じく、20世紀までの技能の世界が20世紀からの技術の世界

20世紀まで

狩猟採集時代（コト＋モノ）
農業時代
技能共同体（現れている現象をつかむ）

➡

20世紀

グローバル時代（モノ）
農業・工業時代
技能、技術、科学 の共同体（技能共同体の奥に隠れていたものをつかむ）

➡

21世紀から

ローカル時代（コト＋モノ）
技能、技術、科学＋哲学、文化の共同体
（技能、技術、科学の共同体の中に隠れているコトをつかむ）

をつくってきた。すなわち、20世紀までの奥にある隠れている技能の世界から、20世紀の技術はできあがっている。21世紀の科学は、20世紀までの技能・技術の奥にある世界から出てきている。

　ところが、20世紀のモノづくりでは、現状のモノを調査、観察していると、比較的簡単に次の商品が見つけられた。モノが不足している社会では、コンサルタントや調査会社の活動によって見つけることができた。そして、21世紀のグローバル時代が終わり、ローカル市場のコトが問題になってきた。

　技能、技術、科学は第二になって、各地の歴史、文化、社会、人を知るというコトが第一になってきた。これからは人文科学＋自然科学で隠れている世界を見つけようとしている。今までのグローバル時代とは異質の世界である。しかも、人文科学で見つけたコトを自然科学でモノにしようとしている「人文科学ファースト」の時代になった。

　新しいことが起き続けていることを仏教では〝縁〟というらしい。これには必ず原因があり、これが隠れていて〝因〟というらしい。この本質を追求し、発見することを〝悟り〟というのだろう。21世紀の社会は、この哲学の世界が現実の世界になってしまった。どういうことが合わさって、21世紀の〝縁〟は起きたのか。その原〝因〟は何なのか。これを見つけて対策を打たなくてはならない。約2500年前にホモ・サピエンスはこれを発見していたことを考えると、現在、モノは豊かになったが、大切なことを忘れてしまっていると言わざるを得ない。

③すみわけの世界でつくった日本のモノづくり

縄文時代、豊かな生活がベースになって豊かなモノづくりを始めていった。日本のモノづくりは、そういう歴史の中で発達してきた。自然が豊かなため、生活も豊かになり、文化が生まれ、その結果、モノづくりがスタートする。縄文時代の土器などは多種多様で、多彩であり、すでにその頃から建物、生活用具、着物、その他の装飾品等、いろいろなものをつくり、生活を楽しんでいたと思われる。そうして、縄文人は、モノづくりを通じて身体知を磨き、日本的文化や社会を進化させてきたのではないだろうか。また、縄文人は、新しいものを開発しようとしたときに、今までの古いモノとモノづくりを整理、分析することによって、新しいモノづくりの世界を開発していったのだろう。

縄文時代にも優れた技能者がいたはずである。現在でも匠といわれる人は、自分の技術を掘り下げて次々と新しい製品にしていくときに、この方法をベースにしている。それには、作業場の整理、整頓は不可欠なものであった。長い歴史を持って日本の文化から生み出されてきたモノづくりの技術は、日本型の3S（整理、整頓、清掃）に代表される生産技術として、世界の生産技術をリードしている。それは「神道」の身を清めるとか、恐れを感じるとか、また仏教の命を大事にする、もったいないといった心と身体知が一体となって、すみわけたモノづくりの世界を構築しながら、多種多様なモノがつくられていったと言える。各地特有の土器が全国で発見されていることからみても、縄文時代にいかに平和に各地で交流が行われていたかが分かる。そして、交流を通して、各地はより深いモノづくりを発展させていったのだろう。現在のモノづくりもこの伝統を引き継いでいる。

縄文1万年の間に各地でつくられたものは、豊かな生活をしていたことと、そのために他の世界のように争うことは考えられない社会だったのだろう。これが1万年続いたということは、今までの縄文時代のイメージをすべてひっくり返すことになった。

21世紀になり、この特長を持った日本のモノづくり、すなわち、企業の製品は、競争の世界から離れ、すみわけの世界を形成し始めている。おそらく、21世紀以後の世界のモノづくりは、このタイプの企業しか生き残れない環境になっていくのではないかと思われる。日本のモノづくり文化を受け継いで、常に変化していく環境に対応していった結果、開発されたハードやソフトの技術で、企業は生き続けていくのだろう。製品等のアウトプットは、それぞれの企業の特長のある文化から出てくるものになるので、その企業からしか出てこないすみわけ製品になっていく。

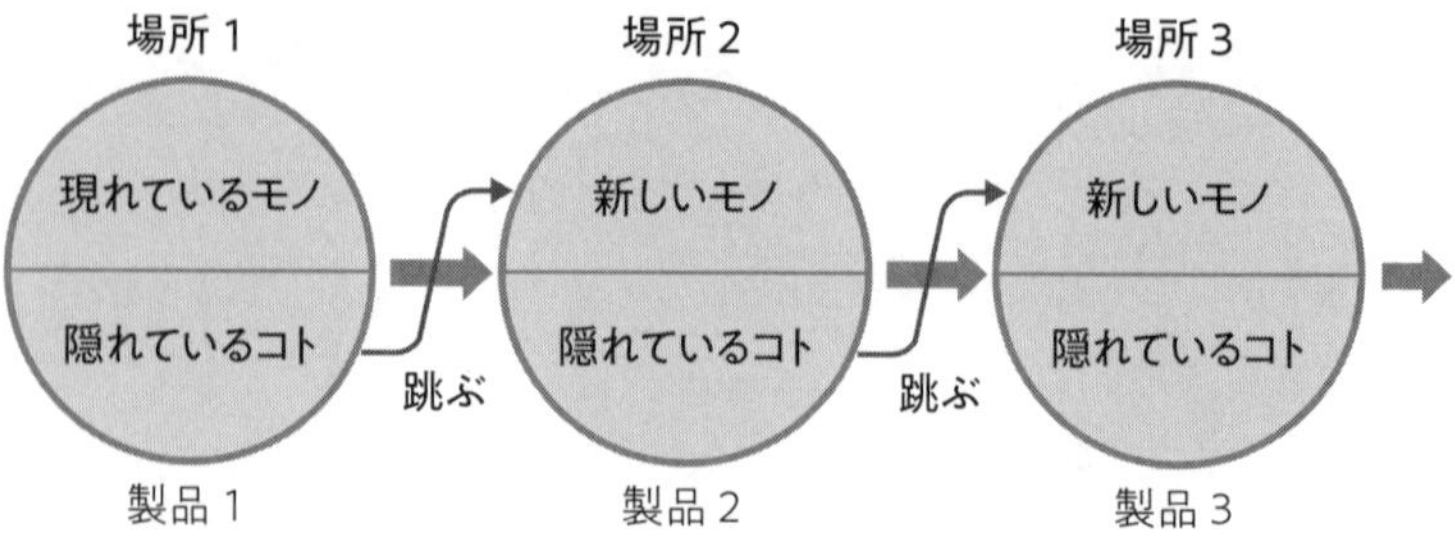

これは、世界に1つしかないその企業文化から出てきたもののため、他社はまねすることができない。

たとえ一度はまねをして他社が製品をつくったとしても、場所の中にいるすみわけ企業は、場所の変化に合わせて、次のすみわけ製品を手掛けている。そうなると、すみわけ企業にはいつまで経っても追いつけないことになってしまう。20世紀までの大量生産社会は技術の競争だったが、21世紀の3Sは、文化競争のためにまねをすることは不可能になった。

そして、21世紀の世界では、多くの文化とそこから出てくる文化商品が登場し、20世紀までとは異種類の豊かな文化生活を送るようになる。

東京・神田神保町の本屋街のように、同業者が集まっている現象は、外国ではあまりない。他者のすみわけの世界を参考にしながら、自分らしいすみわけの世界を自分の中に発見する。この現象も縄文時代の「争いはしないで自分の生き方を創造していく文化」から出てきているのだろう。環境の変化に合わせて自社のソフト・ハードを、現状を掘り下げ続けることにより進化させ、競争社会から離れたすみわけた無競争の企業文化をつくっていった。

そして、場所は無数の局面を持っているので、これに沿っていくつもの企業はすみわけの世界をつくり、場所全体を豊かにしていく。同業者が集まって、それぞれが発展していく日本の業界は、縄文から続いている文化が生きている証しだと思う。

モノづくりの共同体は、日常性の中で自分たちの環境の変化、すなわち場所の一局面とのギャップを感じて現状の問題点に気づく。これは縄文以来の現状を掘り下げて自然に溶け込んでいく日本のモノづくりの特長である。そして、共同体では、現場で実際に身体を動かしていると、自分の非日常世界に入り、日常世界とのギャップ（問題点）に気づく。これを同じ現場にいるメンバーと掘り下げていくと、私を離れて公の世界へ跳ぶことになる。それが非日常世界に入ったときに起きることだ。「日常→非日常、跳ぶ→日常→非日常、跳ぶ」を繰り返すことによって、日本の共同体の公は進化していく。

一方、管理型社会はルールと命令が先にあり、初めから答えがある。したがって非日常性は必要なく、日常の中で論理と技術で要求されるものに合わせて答えを出していけばよかった。そのため、環境の変化に対応する必要がなく、組織も人間も自然環境からエネルギーをもらえずに老化していく。その代わり、モノを安く大量に早く供給する大量生産システムは完成した。その結果、モノの社会は崩壊し、それに代わってそれぞれの文化を持ったローカル市場が出現した。この主客転倒した事態に大混乱しているのが管理型社会の現状である。そして、そのケースの一番の問題は、環境変化に合わせて自分を変えていくという、生き物としての最も大事な力を見落としてしまったことだ。

ローカル市場はそれぞれの特長がある社会システムを持っていて、これに対応していくことを要求される。これがモノづくりから見た20世紀の終わりと21世紀の始まりである。安いものを全世界に広めるのではなく、ローカルニーズに応えることがモノづくりの20世紀の終わりであり、21世紀のコトづくりの始まりである。大量生産時代は20世紀で終わった。モノづくりから知恵づくりの世界に移っている。そして、これを通じて、本来の生き物の力を取り戻さないと、ホモ・サピエンスに将来はない。

④日本型長寿企業はダンナと番頭

グローバル市場を対象にしたモノの大量生産の量の時代が終わって、ローカル市場を対象にした質の時代に入ってきたということは、ローカルごとの文化が基盤になる時代に入ってきたことを意味する。その地域のしきたり（文明）を通じてその本質（文化）を若者たちに伝えるのは、高齢者である。国と社会も長い歴史の上に文化を積み上げていくもので、これからはモノの時代から文化の時代となり、世界中で争いの時代が終わるにつれて、高齢化社会は人類にとってなるべくしてなってきたということで、ホモ・サピエンスが生き残るための自然な進化の1つなのかもしれない。
しかし、ここで1つの条件がある。それは、個人の志と共同体の志が一致することで、それによって双方が公をめざして有意義なアウトプットをつくっているということである。これはとりもなおさず個人も共同体も、いきいきとしたおもしろい仕事をしているかどうかということである。

長く続いている共同体には、必ず目的があり、その実現をめざして活動をしている。この目的がなくなると、共同体も成立しなくなる。当然、長く存続している共同体には、高齢層、中年層、若年層が目的を追いかけていることにより、この3つの層の機能の特長が生まれ、すみわけの世界を実現していく。地域の時代変化や環境変化を長く体験している高齢層は、共同体の文化が変化していく先端にいることになり、中年層、若年層から尊敬されていく。中年層や若年層は高齢者にはない新しい知識やセンスを共同体にもたらすが、企業文化を進めていく上で高齢者もかけがえのない存在である。別の言い方をすると、この文化の担い手になれない高齢者は価値がないと言える。老成する高齢者が21世紀を新しく進めていくことになる。しかし、このような高齢者がいない共同体は、管理型社会になっていく。

日本の祭りでは高齢者も中年層や若年層と一体となっている。その中で高齢者は、伝統を受け継いでいく役目を持っている。一方、外国のパレードは、若者が主役の行事であり、日本の長く続いている祭りとは質が違う。これは高齢者がいるかいないかの差だ。

中年層のリーダーのことを日本ではカシラ（頭）と言った。そして、カシラを経験してきた人をオサと呼んだ。そして、若年層はナカマだった。グループのリーダーは、あくまでもカシラであり、彼は若年層を鍛えながら、グループのリーダーを務める。しかし、新しい問題が起き、自分たちで対応できないことに対しては、オサの経験を聞き入れていくことになる。これが日本型共同体の姿であった。

ここで一番大事なことは、オサの機能である。オサはオサ年代を集め、社会や外部環境の動きを敏感に把握し、それらの情報をカシラグループに流すとともに、新しい問題に対する考え方や処し方の情報を出し、グループの問題解決に協力していく。しかし、指示はしない。あくまでも情報提供にとどめる。この3つ層の機能は日本型共同体の特長と言える。

オサという日本語が万葉集に出てくるところをみると、これはその時代からあった機能だったのだろう。ということは、このシステムは縄文時代にできあがっていたものと考えるのが自然だろう。そして、オサは、その後、日本社会の進展に伴って、機能も複雑化していった結果、江戸時代以降のダンナと番頭に受け継がれていった。私の親父はダンナと呼ばれていたが、戦争中、海軍の指定工場になって、社長と呼ばれるようになったとのことだ。縄文から続いている日本文化と歴史の長さを感じさせる。

確かに江戸時代は日本型産業社会が定着した時代と言える。モノづくり産業は大きくなり、流通業（コメ問屋）や金融業が発達し、製造業を含めた三業界が成立して、日本型の産業社会がで

日本型経営システムの流れ

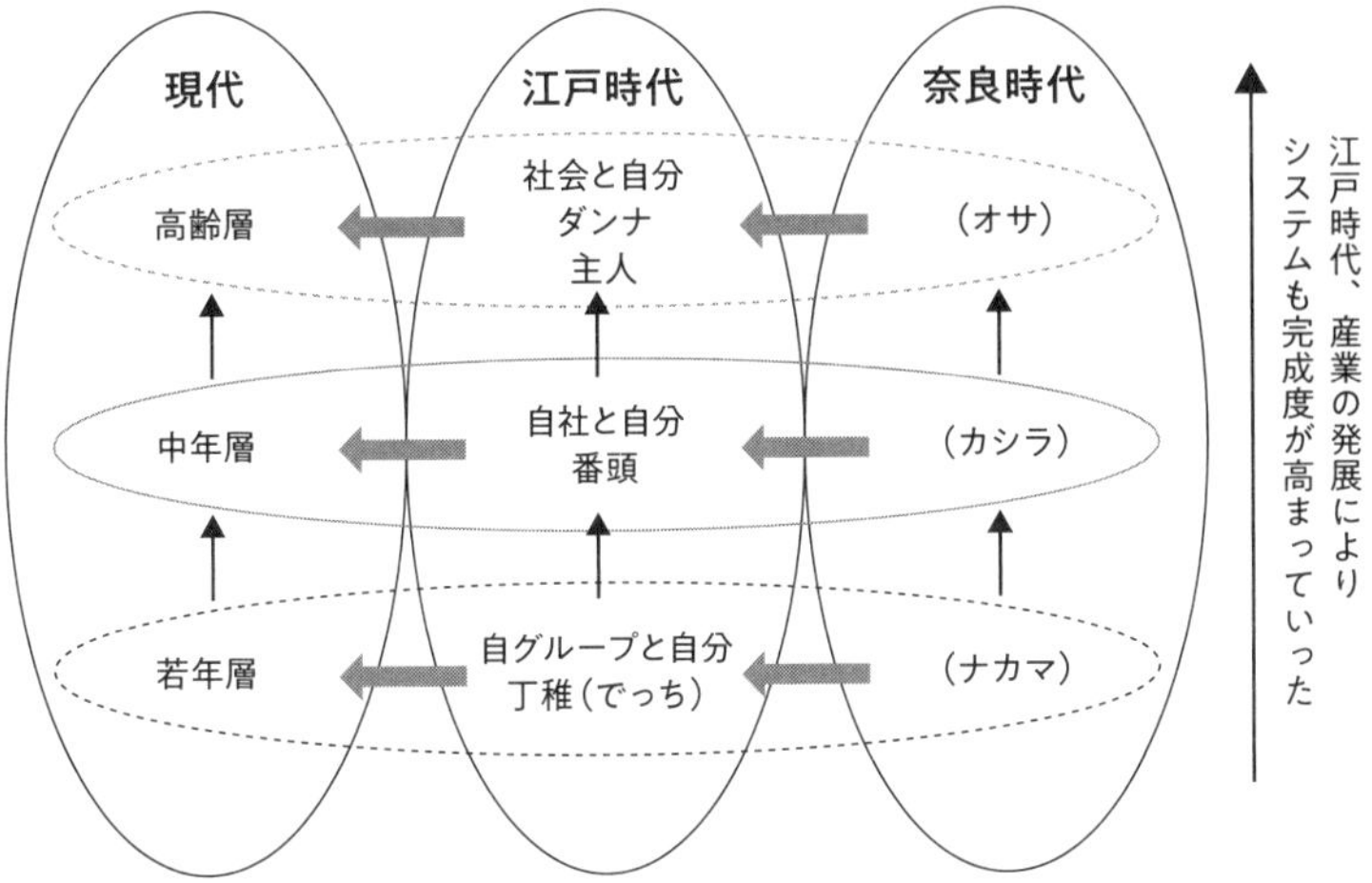

きあがり、その特長をベースに日本各地で産業がスタートした時期でもある。当時、大阪堂島ではコメの先物取引が始まっていた。

一方、京都では西陣などの衣類産業が栄え、それにつれて機織り機械が発達し、これが明治以降の京都機械産業の基礎になっている。しかし、モノづくりの発展は、社会や文化の進展につれて、縄文時代からスタートしてきたと考えるべきであろう。ナカマがカシラ（番頭）になり、カシラがオサ（ダンナ）になるのが長寿型企業社会の歴史である。

先述した〝三方よし〟は、近江商人の商人道を表した言葉として有名だが、江戸時代の日本の経営学を代表するものとしては石田梅《ばい》岩《がん》の『都《と》鄙《ひ》問答《もんどう》』（先生と生徒の問答）があり、梅岩は同書を1739年に著している。江戸中期の日本では市民社会ができあがり、各種の産業が発達していた時代で、ちょうど同じ頃、市民社会が出現した英国では、アダム・スミスが『国富論』（1776年）を出している。梅岩のほうが40年近く早いが、ほぼ同時代に「経営とはなにか」という国家と企業人の関係を説いたことは意義深いことだと思う。

両者が大きく異なるのは、梅岩が公を表しているのに対して、アダム・スミスは一神教の神を取り上げている点だ。20世紀になってから、学者をはじめとした多くの人たちが石田梅岩の『都鄙問答』に関する本を出しているが、その中で現在の日本型共同体社会にも通じる箇所を表してみたい。

「諸事取捌きの事、主人たる者一分に致すまじく候。頭手代三四人と相談いたし其上決定せざる事あらば、宿持手代中其の他家内の惣手代中を寄集め、思ひ入れを互に論じ、或は直に言はざる事ならば入札に致し、一列に得心の上相究め申す可き事。手代中にてもたとひ主人たりとも非を理に曲ぐる事あらば少しも用捨致さず、急度邪正を分け申す可き事」（油井常彦著『都鄙問答』と石門心学』冨山房インターナショナル）

（もろもろのことを決める場合、主人が一人で決定してはいけない。リーダークラス、3、4人と相談して、その上でも話がまとまらなければ、自宅から通っているOBのリーダーも含め関係者全員で思っていることを全部話し、言いにくいことは無記名の投票にして、参加者の全員合意で決めるべきだ。従業員でも、主人でも、正しいことに屁理屈をつけるなら少しも許さず、正しいことと間違っていること

をはっきりすべきである）

少し長いが、原文を現代文に著すと、カッコの中のようになると思われる。18世紀半ばに、このような文章が著されていたが、これは現在の日本のハイテク産業の現場でも十分通用する考えだ。これも何度も言うように、急に現れたのではなく、前の、前の、前の時代から表に現れている世界から、隠れている世界をダンナと番頭システムで追い続けてきた日本型共同体社会の特長だろう。

⑤高齢者の機能と非日常の世界

中年層と高齢層の機能を示した次ページの図には〝有〟と〝無〟がある。〝有〟があれば〝無〟があるという世界は、現状の相対的な世界であり、このままでは何が有で何が無かというディベートになっていく。これは日常世界で、これを超えたところに非日常世界がある。これは座禅でいう〝我〟を離れた世界で、有でもない、無でもない〝空〟の世界のことである。

有と無の中間には、公の世界、すなわち空の世界があり、これは日常の世界から跳んで、非日常の世界に入ったときに現れる新しい世界で、ここに集団の生きる新しい場所があることになる。これは現在の現れている場所の奥に隠れている場所で、ここは世界に2つとない、この集団が生

中年層と高齢層の機能

- **中年層** → 切った張ったの世界
  内部中心、“有”（リーダーとして共同体を回す）
  若年層の育成

- **高齢層** → 中高年の世界を相対的に見ている
  外から内部の世界を見る
  自分の中高年の世界を客観視できる
  “無”から“空”の世界に入り、共同体を見る
  中高年にはない知恵と情報を出す

かされている世界である。そして、ここから21世紀を生き続けるすみわけの世界が現れ、無競争社会に入っていくことになる（第4部参照）。

前川製作所のトリダス（チキン骨付きもも肉全自動脱骨ロボット）もニュートン（高効率自然冷媒冷凍機）も、このプロセスを経て生み出されている。

⑥縄文時代から続いている日本のモノづくりシステム

モノづくりは、ある集団が自分の生かされている場所の変化に合わせて、モノをつくっていくのだが、現れる現象は連続していて、1つの流れをもって進化している。それに関して、私には腑《ふ》に落ちないことがあり、昔から引っかかっていた。それは、なぜ奈良時代になって急に五重塔や唐招提寺のようなものが現れたのかという疑問である。現代でも通用するような耐震の設計と施工がなぜなされていたのか。

しかし、近年、三内丸山遺跡を見てハッと気がついた。三内丸山では、すでに日本の縄文時代に直径1メートルのクリの木を使って30メートルとも40メートルともいわれる大建造物をつくっ

ていたということを知り、これが奈良時代の五重塔に引き継がれていったことに気がついた。確かに、三内丸山だけでなく出雲大社でも、何十メートルもの高さの棟とそれに上る長い階段をつくっている。おそらく、日本海側にはこのような建造物はいくつもあったのだろう。しかし、いまだに何のためにつくられたのかははっきりしていないそうだ。

2023年2月のトルコの大地震で5万7000人の死者が出たという。日本も同じように地震国でありながらこのような被害が出ないのは、縄文のときから耐震技術を積み上げてきた結果であることは、約1500年前に建てられた奈良の五重塔が証明している。縄文から引き続いている文明があるということは、文化も続いていることを表している。

そう考えると、縄文の土器づくりは現在の陶芸技術につながっているのだろう。おそらく、大陸国家と違って一度も外国に侵略されたこともなく、豊かな自然の中で現在まで続いている日本では、文化と文明は連綿と続いてきたと考えるのが自然だろう。その中でも一番確かなことは、縄文の1万年の間に、周辺の国とはまったく関係のない日本語という言語、DNA、文化、社会をつくってきたということだ。これが現在まで続いているという事実であり、日本のモノづくりも縄文時代から続いて現在に至っているということになる。

これから考えると、集団の運営の仕方も縄文時代からスタートし、発達しながら現在に至っていると考えるのが自然だろう。そして、この自然に成立していった日本型運営システムは、奈良時代からの外国による影響もあって、管理型の人工組織と共存することになる。自然な組織の運営は1万年以上をかけて完成度を上げ続けているのに対し、人工型の組織の運営は1000年強しか経っていないために未熟で、常に問題を起こしているが、それを文化と歴史の長さからくる日本型共同体社会は消化して、新しい世界をつくってきた。

奈良時代からスタートした管理型人工組織は、1万年にも及ぶ縄文時代に完成した文化の上に、海外との関係上やむを得ずつくられた組織であったが、大陸国家のように外国との争いで国全体が内部分裂して消滅するような厳しい関係までには至らなかった。これは、島国である日本列島に大いに感謝すべきだろう。と同時に、江戸から明治に移行したときも、欧米型の革命ではなく維新としてゆるやかな変化をしていったように、インド仏教もシナ文明も穏やかに受け入れていったのだろう。

もう少し具体的に日本型長寿企業の運営の仕方を見てみよう。第一の特長は、中年層が運営のすべてを行っているのだが、グループの中で一番尊敬されているのは、そのグループの生死を分ける長い経験を通じて駆け込み寺の機能を持つ高齢者だ。

高齢層は君臨しているのだが、統治はしていない。一方、中年層は、統治はしているのだが、君臨はしていない。一方、若年層は、中年層、高齢層を追いかけて仕事を通じて場所を学ぶことになる。

これは非常に珍しい運営方法だ。一般的には、君臨したら統治するし、統治したら君臨するのが普通だ。これだと1代か2代はうまくいく場合があるが、いつかは必ずつぶれてしまう。日本以外の国のケースは、国家でも企業でもほとんどの場合、1代か2代で崩壊している。日本のケースのように文化的な連続性はない。したがって、長寿型企業社会は成立しない。

縄文時代に成立した日本型組織は、権威と権力を高齢層と中年層に分けた。集団が特定の地域（特定の場所）で、自然界の変化に合わせて、自分および自分たちを変えていくという難しいことを解決していくには、この方法しかなかったからだ。おそらく、当時、日本の中でこれ以外のことをやった集団は、短期間のうちに崩壊していったのだろう。中年層は現れている世界を対象とし、高齢層は隠れている世界を見ていた。これは環境変化を正しく知る偉大な知恵と言える。

そして、この集団の中で生まれてきた人は、この集団の中で死ぬまで生活していかざるを得なかった。日本型長寿企業が年功序列と終身雇用制をとっているのは、このシステムを引き継いでいるからだと思う。これから考えると、最近言われ出したリカレントというのは日本に合っているのだろうか。

「姥《うば》捨て山」として知られる伝承では、暴君から「灰でできた縄を持ってこい」と言われて、村人が途方に暮れていたとき、ある老人が「縄を塩水に浸してそれを焼いて灰になったものを持っていけ」とアドバイスをしたことで危機を乗り切ったという話があるが、これと同様のことが、日本型長寿企業等に連続して起きていたのだろう。

縄文時代には、すでに均一な社会とそれを支える均一な組織があり、均一な運営方法を持った自然国家だったことが浮かび上がってくる。この結果、同質な生き方、文化を持つすみわけ型国家になっていった。近年になって人工国家の欧米に大きく影響されたが、100年を経て欧米文化も日本文化の中に自然に溶け込み、現在に至っている。

［日本型長寿企業の特長］

・高齢者の駆け込み寺の機能
・高齢者は「君臨すれど統治せず」で、隠れている世界、深掘りする静の世界
・中年層は「統治すれども君臨せず」の動の世界
・権威と権力を離す
・環境適応の情報を入れて隠れた世界のニーズをつかむ
・共同体の中で死ぬまで生活していた。そして共同体システムを継承する

しかし、そのためには、この集団はこの地域でこういう方法で生き抜いていくという合意を全員でつくりあげ、そのために各人は自分の特長を出しながら集団の生き方に参加していかなくてはならない。これは、環境の変化に合わせて、自分を変えていくことにより自己実現を促したが、それだけではなく個人の自己実現が集団の自己実現につながるようにしていったのだろう。現在の日本型長寿企業もこのように運営されている。そして、このような企業社会からは、他社と争うという考えは出てこない。

奈良時代から続いているオサとカシラのシステムと江戸時代にできあがってきたダンナと番頭のシステムは、権威と権力をはっきりと分けている。この2つをトップが持った組織は崩壊している。これは現在の社会組織にも当てはまる。現代の皇室と日本政府はこれを引き継いでいる。

もう1つ、この日本型共同体組織の特長として、外部環境――組織が生かされている場所、そして生きている場所――との関係がある。組織の運営を任されている中年層は責任上、組織の内部を中心に見ているが、高齢層は外部世界、すなわち場所を見ている。若年層は、中年層、高齢層を追いかけながら仕事を通じて場所を学ぶことになる。中年層は、グループの日々の運営上の戦術を中心にして戦略を考えているが、高齢層はそれとは反対に外部、すなわち場所から内部を見ている。これは戦略中心にして戦術を見ていくことになる。言うまでもなく、いかに生きるかという戦略とその実行面としての戦術は両方とも大切であるが、戦略から見た戦術と戦術から見た戦略は必ずしも一致するとは限らない。しかし、この2つの合意は、いかに生きていくかを決める上で一番大切なことだ。中年層からの戦略が〝現れてくる戦略〟とすると、高齢者の戦略は〝隠れている戦略〟と言える。

この2つは、完成度の高い計画にするのに不可欠なものだが、前述したような人をよく理解して自分を正しく伝えることによってできあがってくる合意だ。ここで日本型共同体社会の特長が生きてくる。日本型長寿企業はこれをうまくこなしている。

当然、これをうまくこなせなくて大失敗しているケースは、日本の中にも多く見ることができる。大東亜戦争の日本の軍部はこの典型だ。日本人なら誰でも知っているケースとしては、日露戦争と大東亜戦争の参謀本部と前線の指揮官の関係だろう。日露戦争の参謀本部は、実戦をやった指揮官から成り立っていた。大東亜戦争時の参謀は前線の指揮官上がりでなく、学校の成績のトップが選ばれ、現場を外から見ているだけのメンバーだった。当然、この結果ははっきりした形で現れてきた。日露戦争では、現象的な変化の奥にある変化しないものに対して対応することになり、より全体（すなわち場所）を理解することになった。そのため、新たに起きる自然の変化に前もって対応できるようになった。ロシアの将軍、アレクセイ・クロパトキンはこれと反対のことをやって、世界最大の陸軍国は、建国以来30年しか経っていない大日本帝国陸軍に敗れ去った。

一方、大東亜戦争時の参謀は、表の現象しか学んでおらず、欧米の参謀と同じレベルだった。こうなったら物量で勝敗は決まっていく。

現在の戦術の奥にある、隠れている戦術を見つけようとすると、現在の戦術の問題を掘り下げることになり、現在取っている戦略の隠れている部分に行きつく。これを「ありたい姿」の課題と合成すると、隠れている戦略がより明確に現れてくる。しかし、よく考えてみると、現場で起きていることは、ほとんどがこのようなケースになっている。この問題を解決しようとすると、2つの課題を同時に解決しなくてはいけないケースがほとんどである。矛盾した2つのことを同時に解決しないといけないということだ。ここで高齢者は大切な機能を果たすことになる。これが決定的に大事になってくるのが長期戦略をつくるときだ。

もう1つ大切なことは日露戦争のように全員が現場を経験していることで、これがないと対立が起こってしまう。対立したディベートに入って合成された答えは、貧相なものになり、問題解決から遠のいてしまう。と同時に、この対立の決定的なことは、今までの文化を切ってしまうことになり、結果的には、現在の文明のみに頼ることになる。これは文化の崩壊で、日本はこれをやらなかったため、縄文時代の文化が現在まで続いている。これと反対のことをやったのがヨーロッパで、20世紀初頭、オスヴァルト・シュペングラーはこれを心配してヨーロッパの終末を予言している。

［戦略と戦術のポイント］

・戦略――高齢層
・戦術――中年層
・2つは必ずしも一致しない。両者が合意して完成度の高い計画にする
・合意の仕方
①双方、自分を加工せずに伝えると、相手の直観の世界が見えてくる
②感じたことを加工せず、そのまま伝えて合成する
・戦略と戦術の奥の世界が見えてくると、さらに次が見えるようになる

縄文以後の長い歴史の中で、日本は海外からいろいろなものを受け入れ、これを日本型社会と合わせ新しいものをつくってきた。仏教、儒教、欧米文明等を日本型文化の中にうまく取り込んで、日本型にして成長してきた。そのときも、初めは全部を取り込み、時間をかけて2つを合成しながら、どうしても合わないものは捨てていった。欧米の一神教、シナの科挙や纏足《てんそく》等はこの例だろう。

日本人は、自分たちを超えてあらゆるものを神とし、神の前では身を正すということになったのだろう。また、仏教を受け入れ、難しい教義を超えて、命を大切にしなくてはならないが、人は命あるものを食べて生きているから「もったいない、ありがたい、ムダにしてはいけない」という教えを学び、日本文化ができあがっていったのだろう。この日本人が見つけた神道と仏教の隠れている姿は、その後の日本人の生き方、公としての考え方、モノづくり等に大きな影響を与えている。

第5章 21世紀の日本のモノづくり

① 〝私〟を捨てて市場のニーズをとらえる

人工的なグローバル市場が消滅して、ローカル市場が現れてきたことは前述したが、ローカル市場には、実際、どのように対応していったらいいのだろうか。

これはモノ時代に入る前のヒト属が生き続けてきた生き方、すなわち、自然環境に囲まれたローカル市場で生きていた時代が参考になる。自分が生かされている環境、場所と一体になって、この変化に合わせて自分を変化させていく〝すみわけ〟型の生き方にもう一度戻るということだ。

しかし、一人ではできない。同じ場所で生きていく共同体の一員として、集団で生き方を創造していく21世紀型の生き方が問われている。
20世紀までは、モノ中心の社会をつくるために、自然環境の中に人工環境をつくって自己中心型で生きてきた。モノ中心の社会では一人でも生きてこられた。管理システムの指示する通りにしていればよかったからだ。モノ時代が終わると、社会環境の流れの中で成立しているローカル市場に対応していくことになり、そこと一体になっているローカル市場の変化に、自グループも、自分も一体になって変わって生きていくことが求められている。これは一人では生きていけないということを意味している。

ローカル市場は常に変化している。このニーズをどうとらえるかは、私を捨てて〝公〟としての市場の中に入っていかないと発見できない。20世紀型の企業としては大変難しい問題を突きつけられることになる。今までの市場を外から見て、現れている変化に対応しながら、モノの生産を最大にするという管理組織は機能しなくなるからである。いかに難しくても、これを超えないと生きていけないから、変化していかざるを得ないだろう。

変化の激しい日本の自然と、雨が少なく草原で夏と冬しかない大陸の自然との差によって、当然、生き方は変わってくる。日本にとって自然と一体になるということは、欧米と違って環境変化が激しいので、自分を変えるという生き方が普通であった。逆に、環境変化の少ない欧米では、自己中心的になるのは当然の成り行きだったろう。イギリス以外のヨーロッパでは、あまり雨が降らないので、傘を持って歩いている人は日本と違ってめったに見かけない。この風土の差が管理型組織と共同体型組織の差になっていったのだろう。しかし、管理型社会が崩壊して共同体社会になると、各々の個別市場は自然環境の変化を受けながら、個別市場そのものも時代に沿って変化していく。すなわち、二重の変化を受ける複雑系の世界になっていくということだ。その変化に沿って地域ごとのニーズが出てくる時代に対応しようとすると、私を捨てて、公となって流れの中に入っていくしか生き残る道はないことになった。

②私を優先する管理型組織の終わり

21世紀になって突然始まったグローバル市場の崩壊により、20世紀の管理型企業は社会から消えていくことになる。これはどんな大企業でもこの運命から逃れることはできない。そして21世紀型の自分の特長を活かした企業のみが生き残る世の中になる。恐竜時代が終わって、哺乳類時代ができたようなものだろうか。

結果、企業のすみわけの世界からしか出てこない製品で市場は満たされ、この社会では競争はなくなる。共創と協調の社会が出現していき、20世紀までの人類社会とはまったく別な社会が出現する。

グローバル時代でもローカル市場に生きてきた企業は多くあり、今、街で繁盛している食品店などはローカル企業である。ところで企業側から見ると、各地にある市場はニーズが少しずつ違うが、本質的なところは同じなので、市場ごとに対応していくと、世界的なローカル企業になっていく。それが日本企業に多くなってきている。前川製作所を例に取ると、産業用冷凍機の市場は各国ごとに少しずつ違うが、本質的には同じで、これに対応していくと、全世界の市場の傾向をつかむことになり、各地の市場のすみわけも一段とレベルが上がることになる。

共同体型でない世界では、多数決の民主主義でいくしかなかった。すると、合意できないことを解決するためのルールができあがり、必然的に管理型組織になる。これは、常にこの組織の中には反対者がいるということを意味し、これが民主主義の限界を表している。100％合意できる組織と反対者が常にいる組織では、アウトプットが違ってくるのは当然である。100％合意できる共同体は、民主主義でもなく、多数決でもない。民主主義は、結局、合意できないから多数決になり、管理型社会をつくってルール化するということである。しかし、日本型共同体組織による完全合意は、民主主義によるものではない（第5部参照）。

〝私〟が消えて100％合意するということは、〝和〟を軸にした〝公〟の世界である。この社会では、私と公は対立しない。私が伸びることにより公が発展し、公の発展が私を刺激する。これも、20世紀までの公と私が対立し、その調整のために民主主義や社会主義、共産主義、資本主義を生んできた社会との決別を意味する。すなわち、20世紀までとはまったく違った争わない世界が出現することになる。

③失敗を認める社会、認めない社会

類人猿がつくった世界の中で、ヒト属はあらゆる自然環境に対応し、類人猿と違った生き方をするためにモノをつくっていった。それまでの生き物と違い、地球上のあらゆる自然環境にモノで対応して生活圏を広げていった。自然環境のほかに、人類はモノをつくることによって社会環境を広げていくことになり、各国、各地域ごとの社会ニーズに対応していくことになるが、社会が発展し、人口が増えるにしたがってモノのニーズは大きくなり、このモノに対する飢餓感から大量生産社会を生むことになった。しかし、20世紀のこのニーズも満たされると、大量生産社会の混乱が始まった。そうすると、前述したように、これからは20世紀までと違って、モノの世界のほかに、感覚の世界を伝え合わないといけなくなってきた。一方、20世紀までのマニュアルを中心とした大量生産社会では、感覚情報は雑音情報であるとされ、生産性を落とすものとして切り捨てられてきた。しかし、21世紀はこれが主流にならざるを得ない。数多くの失敗からしか成功は出てこない。

この180度の切り替えがうまくいかず、それが政治や経済のあらゆる面で起きている21世紀の混乱の原因になっている。

専門家やメディアの予想が全部はずれる世の中になってきた。これは外部の一点からどれだけ掘り下げても、全体にならないことを意味している。全体の時代に入ってきたにもかかわらず、一点のみを論理的に掘り続けているが、これが通用する時代は完全に終わった。これからは、共同体化を通じて現場から考えていかないとダメだろう。しかし、自分の場所で発生するコトをめざして行動しても、自分ですら、失敗を通じてしか実体をつかめない。失敗が許されない今までの管理型社会とは180度反対の方向だ。

おそらく、縄文時代の1万年は、個人も集団も一度しか起きないことに対して何度も失敗をし、それをお互いに容認して個人も集団も成長していったのだろう。そうして縄文時代のお互いを〝許す〟というやさしさの文化をはぐくんでいったのだろう。失敗を通じて縄文人は何を学んだかというと、現場の世界に隠れている場所を見つける力をつけていったのだと思う。この文化は縄文から現在の日本に至るまで続いている。

自然環境の変化の中に、人間が勝手に人工環境をつくって生きていた20世紀までは予測可能な管理型社会だったので、失敗はNOだった。そして、モノに対する飢餓感があるうちは、少々気に入らなくてもモノは大量に売れたが、これが満たされると、突然、この社会は消えた。自然環境では二度と同じことは起きないし、100％予測不可能である。失敗を通じて成功に近づくという身体知を鍛える以外に生きる方法はない。欧米でも日本でも管理型の企業では、他人が決めたことをやらされているので、やっている人は失敗しても誰も「しまった！」と思っていない。一方、命令した人は、現場のやり方が悪かったから失敗したと考えている。これでは長寿型にはならない。

江戸時代、石田梅岩による石田心学は、失敗を通じて成功に近づくことを前提としていた。ここで経験ということが、管理型社会とは違った意味を持つことになる。それは、失敗の経験を多く持っている高齢社会の重大さだ。失敗の経験を皆で活かす方法がある。その典型が日本型共同体社会の特長の1つであるダンナと番頭のシステムである。

自分の長年の失敗の経験が、身体知と感覚を育て積み上がり、独特の世界観を持つことになる。20世紀の管理型社会はルールで動くことが決められていたが、21世紀になってこの条件は消えてきている。全員がもう一度共同体社会に戻れるかどうか。戻れないと死しかない。これは、どのように上手に失敗するか、ロスの少ない失敗をするかにかかっている。ここに高齢者の出番が出てくる。

そして、共同体社会はそれぞれすみわけの世界をめざし、次々と新しい社会をつくっていくことになるだろう。新しい開発はこれに沿って進むだろう。失敗が許されない人工環境の社会は、グローバル時代の終わりとともに終焉《しゅうえん》を迎え、もう一段失敗を容認する自然環境のローカル時代に入ったのだ。

④〝私〟が行きつく罠の世界

20世紀の産業界で「中進国の罠《わな》」という言葉が生まれた。これは、先進国の生産システムを輸入してモノづくりをスタートさせ、人件費の安さで価格競争力をつけ、世界中でシェアを伸ばしていった国が多く出てきたが、その生産システムを進化させることができず、中進国同士の競争によってモノの市場が満たされ、成長が止まってしまった現象をさす。一方、先進国は、大量生産システムを自国の特長に活かして進化させていった結果、一味違った製品を生み出し、生き抜いてきた。

しかし、当面、両者とも大量生産市場を対象にしていくしかない。先進国では、白黒テレビからカラーテレビ、4Kテレビと変わってきているが、テレビの大量生産だけは変わることなく、テレビの市場も終わりが見えてきた。家電産業、自動車産業、パソコンやスマホ等の情報産業、住宅産業などは、すべてこのグループに入ることになるが、そうすると食品、エネルギーを自給できる国、または、すみわけ産業を持っている国以外はどう生きるか——。

21世紀の現在でも、この問題はますます大きくなっている。グローバル時代は終わったにもかかわらず、これに固執している国や企業はどうなるのだろうか。21世紀の大量生産市場の問題点は、この課題をどう解決するかにかかっている。私見だが、この課題の1つの答えを出したのが、日本の産業界だと思う。これは、前述したように30年（おかしなことに「失われた30年」と言われている）に及ぶ現場での大転換があってのことである。21世紀の現在から見ると、20世紀の大量生産型から抜け出せない欧米は「21世紀の先進国の罠」と言い換えたほうが正確だと思う。

21世紀の先進国は相変わらず大量生産ラインに固執していてコスト競争に入り、結果として業績を落としている。この結果、これらの国は、情報か金融に向かわざるを得ないが、グローバル化が終わると、同じくこれも終わって、大量の人員整理が欧米で始まっている。

現在の21世紀の世界的混乱は、日本のモノづくりの世界から見ると、どんどん小さくなっていく大量生産市場の奪い合いを先進国同士がしている結果に見える。ウクライナ戦争もこれとは無関係ではないだろう。これから逃れる方法は、自分自身を深く掘り下げて、自分たちにしかない新しい世界、自分たちのすみわけの世界を発見するしかない。外の世界、環境、すなわち自分が生かされている場所と、自分の世界を一体化したところにのみ出現する、2つとない世界を追求していくしかない。

何度も述べたように、自分たちを消して、自分たちが生きている場所、生かされている場所に入って見つけないと、出現しない世界である。そして、これは一人ではなく、生かされているグループ全員で行わなければならない。これが21世紀からの世界における最大の問題である。20世紀までの歴史に名を残した人は、個人で自分の世界を拓いていったが、21世紀からはこれをグループでやらなければ生き残れなくなった。20世紀と違って21世紀がより高度な複雑な社会に入ったことで生じている問題だと思う。この視点から見ると、20世紀は単純な社会だった。21世紀は自分を消して現場から世の中を見ないと、実体がつかめないということだ。

私が70年にわたって世界各国のモノづくりの現場を見てきた結果から分かったことは、中南米、アセアン、中国、韓国、ソ連圏等の各国は「中進国の罠」にはまったままだということだ。米国、欧州各国も「21世紀の先進国の罠」から抜け出せないでいる。地球上に100億人の人口を持つホモ・サピエンスは自らつくった罠から抜け出せるのだろうか。現在まで99・9%の生き物が絶滅している事実を考えるとき、暗澹《あんたん》とした気持ちになってくる。

グローバルからローカルになり、もう一度元々の自然な環境に入っていくことになると、いかに私を離れて公に近づくかということをやらなくてはならない。前述した「公化した私」のことである。そうなると、自然に、一神教的な世界観が力をなくしていく。世界観を変えるまでいかないと、世界は変わらない。今、ヨーロッパではキリスト教の信者が半数になってしまったと言われている。そういう傾向が出ていることが、明らかにその表れではないか。

第6章
21世紀のイノベーション

①年1%の成長時代

縄文から奈良、平安、戦国時代を経た江戸時代は、それまでの時代を総合する形で政治、行政、学術、産業のレベルが日本の歴史上一番高い水準にあり、国民の幸福度も一番高い時代であった。江戸265年間で鎖国の状態でありながらGDPは3倍になったと言われている。これは年1%の成長率だ。

ところで21世紀になり、ここ十数年間、政府は成長率年2%を目標としているが、実質年1%前後の成長率で安定推移している。この間、日本社会は安定し、サービス・製品の品質は年々よくなっているが、価格は欧米に比べて驚くほど安い。かつ、新しい製品が次々と出てくる。日本にやって来る外国人旅行者が、自国と比べて、このことを指摘しているのもうなずける。日本社会が自分たちの隠れた世界を見つけ出したと言える。

確かに、毎年、新しい果物や食品が開発され、工業製品もすみわけ商品が多くなり、それらの企業の業績は年々上がっている。これらはすべて無競争商品になっているが、それは、生産者が所属している市場の動向を探り、開発している証拠である。関係者全員、すなわち生産者と消費者が共同体化していないとできないことだ。その結果として、イノベーティブな製品が出てくる。21世紀のイノベーションはこういうことで進むと思われる。

これからの政府の政策は、モノ時代と180度違って、これを実現している共同体化を促進する政策しかないと考える。前述したように、江戸時代は、それまでの歴史の中で最もイノベーティブな時代であったが、当時は欧米の管理型システムが入ってくる前で、縄文時代から続いていた日本型共同体社会によるイノベーションであった。

江戸時代の経営の考えの中に「三方よし」（売り手よし、買い手よし、世間よし）をはじめとする近江商人の経営哲学や石門心学などが浸透しているが、これは共同体をベースにして公を説いている。これが265年続いた。つまり、場所的な日本共同体社会から出てくる、すみわけ商品の開発をやったのだ。日本政府は、もっと江戸時代の研究・分析を行うべきではないか。年1％の成長は、高品質をつくる個々のイノベーティブな企業活動の結果であって、これを政策で2％

に上げることは不可能だ。結果として2％に上がったとしたら、それは共同体のレベルが上がったことで2％になったのである。それを政策でやるという考え自体が見当違いだ。

21世紀のイノベーションはスタートしているし、今後もこのように進む。そして、これは管理型では無理だ。この時代に入ると、政府の政策はモノ時代とは180度違って、21世紀のイノベーションが出てくる日本型共同体を促進する政策しかない。一方、大量生産時代は、産業政策、金融政策でGDPを上げることは可能であった。そのため、今、早急にやるべきことは、20世紀型にしがみついている産業を21世紀型に変化させることだ。もしくは、変化せざるを得なくなるような政策を取るべきだ。

イノベーティブなすみわけ商品で、世界市場で高いシェアを持っている企業は、市場との関係が深まるにつれて、自ら商品に対する金融や流通などを始めることで一体化が大きく進む。そして製造、金融、流通が一体化する。おそらく、江戸の徳川幕府は、現在の政府と比べると、結果的に小さな政府で、経済的にもバランスが取れていたのだろうと思われる。各藩に大きく任せるとともに、幕府自身も民間に多くの仕事をさせ、国全体として民間の自由な活動に任せていった。この結果が年1％の成長だ。しかも150年続いた戦国時代を引き継いだ上に、鎖国した状態での265年間だ。現在の20世紀型の産業社会から21世紀への切り替えのスピードを考えれば、今年が年1％成長とすると、2％、3％になるのは時間の問題のように見える。そして産業政策も、大量生産時代が終わった今、大転換が必要だろう。民間中心のイノベーティブな産業に必要な産業政策は、ごく小ぶりのものになるはずだ。金融政策もしかりだろう。20世紀までと比べると、あらゆるものが〝自然な状態〟に帰るということになるのではないか。

②〝場所〟から生まれるクリエイティブな商品

グローバル時代はモノ中心の組織を機能させるため、管理型社会になっていった。しかし、場所からしか出てこないコトの時代になると、共同体組織へ移行せざるを得なくなった。これは、農業時代から始まる管理組織の前にあった狩猟採集時代の無階層社会に戻ることを意味する。現に21世紀に日本で起きているイノベーティブな開発は、政府の政策外の世界で起きている。

日本は自然が豊かなので、移動型でなく、世界で唯一の定住型の狩猟採集時代という1万年の経験を持っている国だ。狩猟採集をしながら定住型の暮らしをしていたため、自分たちが生かされている環境と深くつき合うことによって、隠れている世界に行きつき、場所を軸とした独特な共同体社会をつくっていった。これが前述したように相手の〝ことば〟の奥にある、感じていることを伝え合う文化を育んでいき、〝ことば〟が出てくる隠れているところで合意が成立するようになっていった。

この1万年に及ぶ日本型共同体社会は、共同体としての性質が最も高い社会で、21世紀に一番入りやすいかたちとなって現れている。日本の歴史の中で、個人と集団は場所に深く入り、結果的に独特のモノづくりが成長し、陶器、和紙、織物等、多くのモノが生み出されている。この延長線上で一番大きなものは江戸時代の米作であろう。265年で単位当たりの生産量が10倍になっている。このときすでに、日本型生産システムの型はできていたのだろう。これにつれて金融システム、流通システムがスタートし、現代日本の基礎をつくった。

現在の日本では、おいしいパンやソバなど、いろいろなものをつくっている店舗を街角に数多く見かけるようになった。一方、欧州では街のパン屋は姿を消している。ドイツでは数十年前にマイスター制度を廃止して、モノづくりの現場からドイツの若者はいなくなり、移民に代わっていった。ドイツの若者は現場管理者になっていった。これが結果なのか原因なのか分からないが、街でも変化が始まっている。そして大量生産工場中心の社会になってきている。

日本では、大量生産のパンと高品質高価格のパンは、すみわけをしている。いわゆる、モノとコトのすみわけである。家族経営でつくられているパンは、場所のニーズに応えることで固定客ができて、価格よりも品質を重視する店が多くなり、繁盛している。ここで、すみわけとは何かを考えてみると、場所の量のニーズは一定しているが、質のニーズはGDPが上がるにつれて大きくなっていく。これにうまく応えたところだけがすみわけることになる。すなわち、そのニーズに応えるのはその業界ですみわけに成功している1社だけになっている。しかし、そのニーズは1つだが、他のニーズはいくつもあり、これは隠されている。これを探るために、日本では同業者が集まって1つの街をつくっている。

機械のモノづくりでも同じことが起きる。例えば日本の織物産業は、繊維機械業からスタートし、工作機械、カメラ、時計、オートバイ、自動車へと、場所から出てくるコトのニーズに対応してきた。グローバル化の崩壊によってグローバル市場は小さな市場に分解され、その小さな市場独特の2つとないニーズが出てきたのである。しかし、現在の欧米のモノづくり産業で、この市場に対応しようとしている企業はほとんどない。もう一度、それぞれの市場の隠れた場所を深掘りし、そこから出てくるイノベーティブなニーズに対応していくしかないだろう。そして、縄文時代に豊かな地域社会をつくっていたように、現代の日本社会も肥大化した大都市中心型の社会から、地方ごとの特長を出していく場所型企業が多くなる「21世紀型縄文社会」になるのではないだろうか。

③20世紀は科学・技術のイノベーション、21世紀は文化哲学

20世紀までのイノベーションは、いいモノをいかに安く、早く、多くつくるかの科学・技術が中心になったイノベーションであった。量による利益の追求だ。一方、21世紀の街のパン屋さんが行っているのは、固定客が希望するパンをつくり続け、質を追求するイノベーティブなパンづくりだ。しかし、固定客のための量は一定している。このため、つくる量と売る量が一定している。コスト＋αで価格を上げるものの、大きく価格を上げることはできない。売り買いは競合関

係ではなく、お互いの満足度を目標にして、公の世界を追い続けていく。

場所の中で成立している日本の企業は、業種や規模に関係なく、一見客ではなくて固定客のケースが多い。利益はそこそこ出ていればよく、それよりも自分の製品に対する顧客の評価のほうを大切に考える公の風土が強い。このため、品質に対して売値は安く設定されている。この点が、海外から来た人に「日本は物価が安い」と言わしめている原因である。しかし、これは市場をもっと確保したり、競合をつぶしたりして安くしているのではない。この生き方が、場所の中で生き続けていくものだと悟っているからである。江戸の「三方よし」の文化で、私でなく公をめざしている日本型共同体社会の特長と言える。固定客と製造者は共同体化していると言える。

大量生産時代が終わった21世紀の投資は人への投資で、20世紀と違って設備が利益を生むのではなく、人から生まれるようになってきた。一方、欧米は自分中心で、売り買いは競合関係なので、売値は上げられるだけとことん上げる。そのため、インフレの50％は企業の利益の増大によるものと言われている。人は労働者としてのみ考え、売り上げが落ちればすぐ解雇される。技術よりコストを中心に考える。このため、移民中心のモノづくりで十分なのだ。これではますます21世紀型のすみわけ社会からは遠のいてしまう。

日本のモノづくり社会は、量から質へ、モノからコトへと急速に変化している。共同体から生み出されるイノベーションを市場は評価する時代になった。経済の統計の取り方も大きく変える必要があるだろう。その中で、前述の〝満足度〟をどう表現するかが問題になってくるだろう。

21世紀と比べて変化がそう大きくない20世紀までは、市場の一点をとらえて対応し、グローバル時代、大量生産時代が成立した。21世紀は、流れの方向を見て開発し、流れの方向に沿って変化させなければならない。流れの本質は科学や技術からは出てこない。流れという環境、場所の中に入って、関係者全員でつかむ感覚の世界だ。これからは、満足度の時代、哲学、文化の時代になっていくだろう。

④21世紀に必要な隠れている情報世界

「企計」(新しい計画。「企画+計画」)をつくる場合に注意すべき点がある。それは、日常の生活世界にも2通りの「情報世界」があるということだ。

(A) 見たり聞いたりする、新聞、テレビ等に現れている「情報世界」
(B) 現場で感じて物事を解決しようとするときに出てくる、隠れている「情報世界」

一般的に、私たちは(A)の世界のほうを気にして日常生活を送っているのが通常ではないだろうか。

何かあると本を読む、新聞から知ろうとする。テレビもそうだ。人の話を聞くときも、「分からないことを知る」「よそから情報を入れる」というスタンスが知らないうちに優先する。しかし、これらの情報はその分野から出てくる20世紀の部分情報で、全情報の一部にすぎない。21世紀の現場から出てくる情報は、部分情報ではなく、複雑系の社会から出てくる全体情報である。

その際、（A）の世界は、論理的で、明晰《めいせき》で、答えも適格に与えられているように思う。ところが、よく考えると、それは部分から出てくる情報で、現場で対応しようとすると、全体情報ではないので、21世紀には役に立たない。

現在の商品が、現在の現れているニーズの商品とすると、今の全体情報に隠れている次の市場が要求する〝コト商品〟は（A）からは出てこない。そうすると、（A）の情報世界は、コトを進める上でマイナスになっているのが実際ではないか。それが「フェイク情報」と言われるゆえんである。（A）の情報は一般情報、普遍情報で、現場の状態を単に抽象化したもので、これは現在起きている現場情報ではない。しかし、われわれが必要としている本質情報は、今の場所で起きている情報の本質を追求して出てくる情報であり、評論家の言う抽象化した情報ではない。すなわち、点の情報でなく、流れの情報である。

21世紀の課題を解決しようと考えるとき、課題は見えている。しかし、この見えているところだけを取り上げて解決しようとすると、20世紀でやってきたことと同じで、何回も同じ現象が現れ、一向に解決しない。モノの世界が中心になっているからだ。これは（A）の情報のケースだ。この〝現れている世界〟の後ろには〝隠されている世界〟がある。これが（B）の情報だ。ヘラクレイトス以後、ギリシャ哲学は表に出ている部分のみを取り上げ、隠れている部分を切り捨ててしまった。これが20世紀までのモノ（現れているもの）の世界を発展させ、社会を豊かにしてきたことは事実だが、モノがあふれる20世紀になって、このモノ中心の時代は終わることになる。20世紀の悪い点は、表に現れている情報を全体の情報とする癖がついてしまっている点だ。それは21世紀の問題を解決しようとするときに最大の欠点となる。

では、実際にどうすればよいのか。それは今まで言ってきたように、まわりの仲間の直観を集めることだ。虚心坦懐《たんかい》にみんなと議論する（われわれはこれを雑談会という）。「直観」が「共感」に変わる瞬間だ。毎回、新しい失敗を繰り返しながら、成功に近づく以外に方法はない。

⑤各人の謙虚さで21世紀をつかむ

20世紀までは、専門家が現場のある一点を外から見て、変化を客観的につかんだ。変化の激しくない20世紀まではモノの時代で、これでよかったが、21世紀の変化の激しいコトの時代になると、ある時点における部分情報を全部集めても、流れはつかめない。コトは時系列の一点を取っても表現できず、時間の流れの中で発生しているのに対し、モノは時の流れの中に関係なく、空間の一点で発生するからである。しかし、この一点だけ取り出してみても、前述したように、本質的な解決にはならず、何回も同じ現象が起こる。しかし、流れの中でコトをとらえると、場所の中で発生しているコトが理解でき、21世紀の問題解決になる。

コトは複雑系で発生した全体の世界であるが、モノは単純系の全部の世界から出てくる。21世紀、全部の世界が終わると、一挙に全体の世界へ飛び込んだ。すると、場所の中にいる関係者は、それぞれの観点から場所全体の一部を見ることになるが、それを集めて合成しないと、場所の情報は出てこない。そこにはモノ（現れている世界）とコト（隠れている世界）の両方が入っている。そのため、それぞれの人の表現している言葉を聞き込んでいかないと、その人の感じているコトは出てこない。なぜなら、〝ことば〟は、その人の感じていることのほんの一部しか表現していないからである。

自分を無にして相手の中に入っていってこそ、自分と相手の感じているコトに行きつくことができる。ディベートではダメだ。日本人の共同体ではディベートにならず、それぞれが感じて、隠れている深い本質に行きつく。

これは、日本型共同体社会の持っているやさしさ、謙虚さがそうさせている。縄文の1万年の間に日本型共同体が達成し、北海道から沖縄まで人工的でなく、自然体な日本文化が成立した結果であろう。同じ現象を見ても各人が感じた直観を合成して1つの共感になるのは集団の思想で、それは集団の文化からしか出てこないものだ。

第３部

和敬塾の人づくり

第7章 日本の人づくりの歴史

①モノづくりと人づくりが1つになっている日本

日本人の〝公〟をめざした人づくりの歴史を考えてみたいと思う。

1万年に及ぶ縄文時代以前の先史時代を経て、各方面から人々は日本にたどり着いてきた。蒙古系は氷河期で凍りついている樺太、北海道を通って日本へ、雲南系は台湾、沖縄を経て日本へ、南方系の海人は黒潮を通って日本へ、最後に、海流の激しい朝鮮海峡を経て、シナ族、朝鮮族が日本に住みついていった。

そして奈良時代に、仏教、漢字、律令制度等が一挙に入ってくる。日本でも、この頃から遣唐使が始まる。危険な船旅だったため、おそらく男子のみの派遣だったのだろう。一方、モンゴル系や雲南系は、家族で日本列島へ来たのだろう。これは、その後の日本人の文化、社会、DNAに大きく影響を与えたことと考えられる。家族で来た種族は、豊かな日本の風土になじみ、一体化した文化、DNA、言語を1万年以上かけてつくっていったのだろう。その後に、シナ、朝鮮半島から男子のみが移住してくるが、先に来ていた種族と一体化していきながら共通した文化、DNA、言語に溶け込んでいったのだろう。前述したように最近の研究では、DNAは自然環境に大いに影響されて変化していくことが分かったということだ（篠田謙一著『日本人になった祖先たち』NHKブックス）。このことは、その後の日本の人づくり、モノづくりの決定的な要素になっていく。

まず、前述したようにモノづくりは、現象の現れている部分から隠されている世界を見つけ、この2つを合わせて独特の文化から来る世界を見つけて生み出していくものだが、日本型の教育システムも同じように、実際の生活の現場と教育を一体となって考えるという共通点がある。一方、日本以外では、教育は教育だけ、現場は現場だけと別々に分けて考えている。モノづくりでも、欧米では現場の技能教育と科学・技術教育は別々で、これは社会における階級の差を表している。

日本の〝もと一つ〟なので分けないという文化は、モノづくりでも人づくりでも分ける文化とは決定的な差になって表れてきている。20世紀までは分かれたほうが大量生産時代にフィットしたが、21世紀からは1つにして対応しないといけなくなってきた。しかし、日本は縄文時代からモノづくりと人づくりは1つのものと考えてきている。明治以降、2つに分けた欧米型システムが入ってきたが、この時期でも日本の中小企業は、縄文から受け継いできたモノづくりを町工場文化として続け、これが21世紀のイノベーティブなモノづくりの核になっている。

もともと自然、森羅万象は複雑系だ。人づくりとモノづくりは1つのものとして考え、対応すべきだと考えてきたのが、縄文時代から続く、分けないという日本文化だと思う。これからも本書では、現象の裏にある隠れている世界が合わさって〝もと一つ〟という実体があることを述べていくことをお分かりいただきたい。

縄文時代から、北にも偏らず南にも偏らず、地理的に中間のちょうどいいところにある日本列島は、北と南に暖流が流れていて四季があり、非常に豊かな自然環境に恵まれ、気候もよく、いろいろな作物もできて、豊かな暮らしをする縄文時代が1万年以上続いた。この時代は狩猟採集時代と言われているが、日本列島では大陸とは違って、自然が豊かなため、狩猟よりも採集に重きが置かれ、そのため草食動物としての穏やかさ、やさしさといったものが中心になって、肉食動物の荒々しさがない社会をつくっていくことになる。

豊かな自然物をみんなで分け合い、非常に生活しやすかったこともあり、平和に暮らしていた。やがて食品用の土器をつくり始め、生活用品や装飾品や勾玉などをつくるようになっていった。そして小集団ごとにムラをつくりながら、相互の交流・交易が盛んになって社会が広がっていったため、後の北前船のルートが縄文時代にほぼ完成したと思われる。すでに縄文時代の遺跡に、北海道の産物や関東の石などが多く発見されている。このことからも、北や南から来た人々が混じり合い、日本人独特のDNAが生まれ、これによって日本語、そして日本文化が自然発生的に確立されていったと思われる。

奈良時代になって、急に日本の歴史が始まるのではなく、奈良時代の前に1万年以上に及ぶ豊かな縄文時代があって奈良時代がスタートした、と考えるべきだろう。数十メートルに及ぶ木造建築物が各地につくられているし、土器による火を使った食べ物の歴史も世界最古と言われている。一方、肉食中心の世界では火で焼くことはあっても鍋で煮るというニーズは少なかったのだろう。日本の縄文時代は、豊かな生活を通じて、人々の交流や物の交流が始まり、縄文時代の1万年の間に日本中で1つの文化と言語を持つ社会が成立していたのだろうということが分かる。これは、当然、人の育て方、人との付き合い方などにも共通する1つの方法がつくられていったのだろう。そして、もっと大切なことは、この表面に現れているモノをつくる人間集団の隠れている人づくりの歴史が、その裏に隠されているということである。モノづくりも人づくりも、21世紀の現在の日本につながって続いている。モノづくりの裏に隠されている人づくりが1つになっていることをわれわれは気づくべきだ。この2つを分ける欧米型ではなく、1つとして考える日本型が大事になっている。この2つが1つになっているからこそ、その集団の文化の進化にしたがって、すみわけ商品が生み出されてきた。これと同時に、人づくりも深まっていった。

江戸時代に日本に来たヨーロッパ人が驚いていたことの1つに、日本人の旅行好きがある。東海道などに旅行する日本人があふれていて、それはヨーロッパの街並みくらいの規模だと驚いている。江戸時代の朝鮮通信史は、大阪の本屋の多さに驚いている。ここでも、江戸時代の数万ともいわれる寺子屋による教育を通じて識字率が非常に高かったことがうかがえる。

そして、これは当時の教育が生活の中で行われていたことを示していると同時に、教育がある特定階級のためのものでなく一般庶民のものになっていたことも示している。これが欧米の市民社会との質の差になっていき、欧米では革命を経ないと市民社会が成立しない原因になっていく。

②外から来るものを大切にする日本の〝まれびと〟文化

この背景には、日本人が外から来るものを非常に大事にしたということがあった。外から来るものの中に、当然、嵐や地震などの自然変化もある。隣のグループから来るものには、人や物産もあれば、情報や知識もあっただろう。そういう外から入ってくるものを折口信夫(万葉学者、民俗学者)は〝まれびと〟といった。まれびとの中には、神も入っていた。そして、各地域の人の交流は盛んになり、神を敬いながら北から南まで日本列島は共通化した文化、宗教、言語、DNAが成立していった。

文化、言語などをどのようにして共通化したのかははっきりしないが、DNAだけは事実がある。北からはモンゴル人、南方から台湾、沖縄を経て来た雲南系の人、南方ポリネシア人、朝鮮人、支那人、この5つの種族が交じっていることは間違いないが、今の日本人のDNAはこの5つの種族とも全然違っている別物である。これは完全に交じり合ったということだろう。それが1万年もの間に自然に成立したということは、人工的に成立した国家と違った自然国家であるという証しだ。そして、共通した日本型共同体社会に成長していった。外国の人工国家のように争って人工的に成立した国とは一味違った国が1万年の間に成立していった。

この人工国家と違って自然国家をつくったということは、人工教育ではなく、自然教育というものが日本にあったことの表れで、これは前述したように生活の現場と教育が〝もと一つ〟なのである。外から来たものをいったんは全部取り入れて、自分を新しくし、自分のすみわけの文化をしっかり持ちながら世界を広げていくという〝まれびと文化〟は、その後の新しい日本の教育文化、モノづくり文化を進化させていった。

③〝話しことば〟の奥にある心の広い世界

日本では、豊かで平和な生活から自然を神として祭るという習慣ができて、全国共通の祝詞《のりと》等からやがて言葉ができてくる。そして自然な交流を通じて、万葉集などの歌やいろいろな文学になっていった。縄文時代には文字はなかったが、日本全国で通じる〝話しことば〟がだんだんできあがっていったと思われる。この文字による言語ができるずっと以前に〝話しことば〟による言葉があったということは、その後の日本文化を考える上で重要なことだと思う。その〝話しことば〟を通じて、相手の本意をしっかりつかむことの大切さに気づかされた。

言葉の奥に本人の言いたいこと、伝えたいことがあったのだが、言葉はその何分の1しか表現できていない。日本語の文字ができるまで、1万年の文字によらない〝話しことば〟だけの時代があった。この間〝はなす〟という意味は、〝放す〟という言葉と同じで、例えば「魚を放す」「動物を放す」という意味からスタートして、自分の心を相手に放すとして〝話す〟が成立していったのではないか。この意味で、シナ語の「話」は〝言〟と〝舌〟から成り立っている。〝放す〟と日本語の〝話す〟の成立は、まったく別の意味を持っているということが熊倉千之の『日本語の深層』（筑摩選書）の中に書かれている。今でも雲南省の一部の部族の中には、若い男女を中心とした歌垣の習慣が残っているそうだ。この文化が民族とともに縄文時代に日本に入ってきて、奈良時代の万葉集をつくったのではないかと思う。

このように心を理解し合うことを教育というシステムでできるだろうか。現場でモノづくりや人づくりで悪戦苦闘している者にとって、それは考えられない。現場で一体となってやってこそ役立つもので、これをもし別々にやったとしたら、2つとも別々なものになることは間違いないだろう。われわれ和敬塾としては、これを学問的に分析し整理してもらいたいと願っている。しかし、あくまでも現場からであり、現場中心である。これ以外に複雑系の人づくりは考えられないからである。

一方、コーカソイド（白色人種群）のつくった一神教の言葉は、神がつくったものとして侵してはならないものであった。と同時に、善悪の議論も神のつくった言葉のみで争うこととなり、日本と違って言葉は心を伝える道具ではなく、争いごとの道具となっていった。言葉と同じくDNAも文化も社会も、心を軸に日本型共同体社会は動いている。これから言えることは、日本語は1万年の間、〝話しことば〟の日常語として完成度を上げ続け、書く言語として発達してきた日本語以外の言語とは、本質的に別のものであると言える。これはまさに現象の世界の奥にある見えない世界をつかもうとする文化と言える。

言葉を通して心を伝える広さ

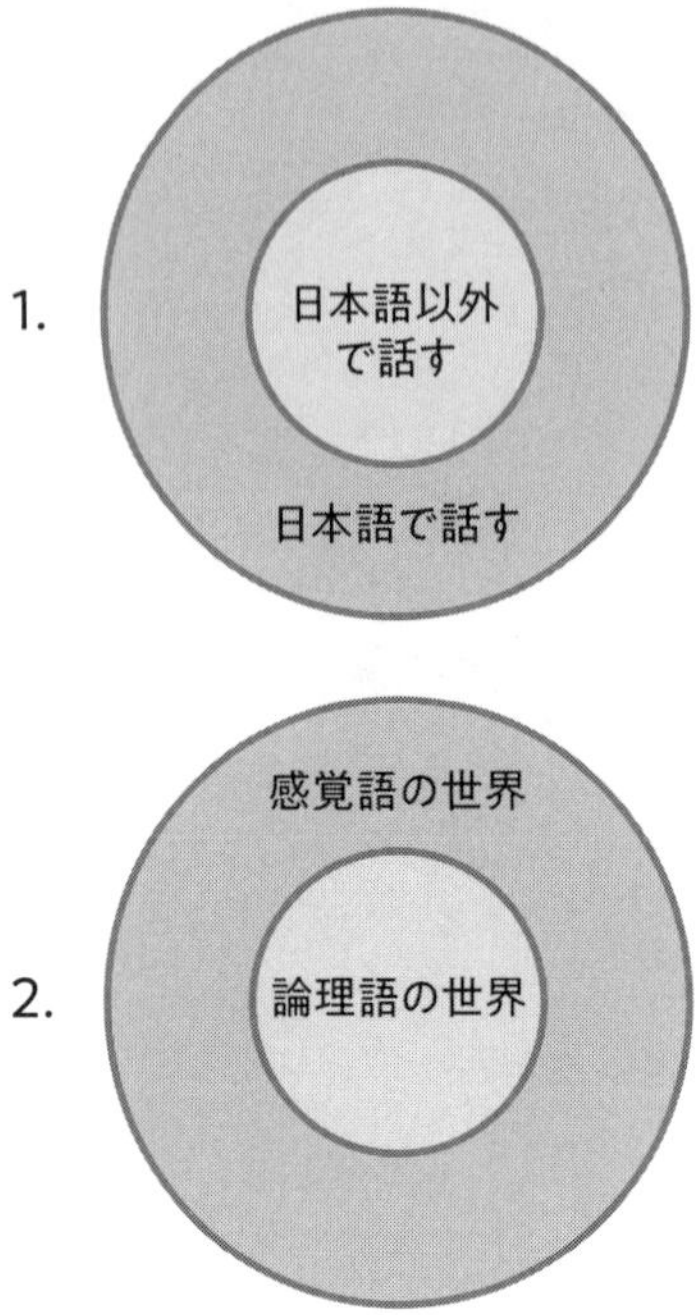

〝話す〟という言葉が持っている広さ、または伝えようとしている心の深さを考えてみると、上の図のようになるだろう。

言語と同時に心を伝える道具としての感覚語をしゃべっている日本人が、欧米語で日本語と同じことを伝えようとすると、このギャップに惑う。これが、日本人が外国語が下手だと言われる理由だと思う。日本語は1万年という長い間、場所の中で発達してきた言葉であるのに対し、欧米語（シナ語も）は、ヘラクレイトス以後、場所から離れて発達してきた言葉と言える。そして、これが20世紀までの世界で起きた戦争の原因の1つになっていると思われる。

このような日本人の言語感は、現在の自然現象の奥にある自然の本質をつかむ努力に通じ、現象の世界の奥にある見えない世界をつかむ文化を育んでいった。言葉の奥にあるその人の深い世界を理解することになり、その状態から互いに共通する世界を発見していく。それは共同体化する第一歩であり、すみわけの世界を深め、イノベーションの基になっている。

最近、日本を訪れる外国人が多くなり、日本の自然の美しさや日本人の親切さ、おもてなしの心などが高く評価されているが、これも外国人の言葉の奥にある感覚の世界を日本人は察して行動するという、日本人なら当たり前のことが新鮮味を与えるのだろう。自分の言葉の奥にある深い世界との対話を日本人との間でできることで、自分の場所の世界を理解してくれるという、外国人にとっては新しい対話になるのだと思う。これが、最近、海外から留学生が多くなっている理由の1つだと思う。

「表の世界」と「奥にある世界」――この2つの世界が1つになったとき、本物の〝場〟の世界が広がっていくという、新しい世界（観）をつくっていくことになった。日本型共同体社会の原形はこの縄文時代に成立して時代とともに発展してきたと思われる。

すなわち、21世紀の新しい言葉の奥にある心の世界が、次の新しい教育をつくっていくことになるのだろう。

共同体の世界では争いは起こり得ない。この争いのない新しい世界は、人間社会をもっと深い、もっと広い世界へと広げていく。当然、モノのイノベーティブとは次元の違う〝モノとコトが1つになる〟ことによって成立するので、1万年かかってつくってきた縄文時代の歴史や文化がいかに大切だったかを知ることになる。

ところで、文字を持たなかった縄文時代、その時代に最も近い時期に文字で残された文章が、西晋の陳寿が書いた『魏志倭人伝』にあり、次のように書かれている。

「会同坐起には父子男女別なし」

「尊卑各々差序あり、相臣服するに足る」

他人の見た日本型共同体がどこまで正確に記述されているかはあやしいが、当時の日本型共同体を外から見た印象がある程度伝わってくるように思われる。

一神教の世界では「言葉は神」とした。この段階で、言葉による〝横の関係〟に主力がそそがれるようになると、ディベートの世界に入っていく。人の発言の奥にある真意を聞く方向を〝縦の関係〟とすると、横のコミュニケーションはどんどん心と離れていく。その代わりに論理学や科学が発達していった。そして、心の世界とは関係のない方向で争い、勝ち負けが決まっていった。どちらが人間社会全体にとって望ましいかは言うまでもない。言葉を争う道具とする世界か、言葉を相手の心を理解する入り口とする世界かの違いだ。そうして、一神教の世界では全知全能の神との契約で人間が存在するという社会ができあがっていった。それは、神と契約した者のみが生きていていいということだ。日本人から見たら、ドグマとしか考えられないことをベースに社会がつくられていった。聖書に書いてある通り、自分の宗教を信じない他者は何人殺してもいいという自己中心的な考えが通るような世界をつくっていった。肉食動物の特長で、草食動物では考えられない。

中南米に行ってみると、豊かな文化、宗教、言葉等がいろいろあったにもかかわらず、それらは消され、それぞれの民族の多様な文化・伝統を残すものは徹底的に破壊され、その残骸だけが残っている。北アメリカでもアフリカでもインドでも東南アジアでも同じことが起きている。この観点から世界史を見つめ直す時期に来ているのではないだろうか。われわれは〝ことば〟と〝心〟を分けた教育システムがいかに人類に悲劇をもたらしてきたか、このままいけばホモ・サピエンスは滅亡の淵に立たされることは間違いない。もしこのまま続くのであれば、21世紀に入ったというのに、ロシアとウクライナのような争いが何回も続くだろう。これが20世紀までの〝私〟を中心に成立した世界である。しかし、その20世紀が終わり、21世紀は大いに反省すべき時代に入ったと言える。

日本では、江戸時代、祭りと一緒に芸能が生まれ発達していった。猿楽、芝居、唄、能楽、踊り、講談などが一般民衆の中にどんどん受け入れられていった。人情話や主君の敵討ち話、親孝行などが公の〝志〟を一般民衆に植えつけていくことになった。と同時に、寺子屋で読み、書き、そろばん、しつけ、道徳を教えるようになっていった。何万校という寺小屋ができて、民衆の知的レベルの向上に貢献し、農業、産業、政治、教育等々の面に反映し、民衆とともに大きくなっていった。

これもヨーロッパと比べてみると大きな差がある。まず劇や音楽は、王を含むエリートのものだ。一般大衆とは完全に分かれていた。教育もそうだ。オックスフォード、ケンブリッジには特殊なアクセントがある。交差点で、このアクセントで「エクスキューズ・ミー」と言うと、一般大衆はサッとよけるという。〝話しことば〟だけで反応する社会と〝話しことば〟の奥にある世界を理解しようとする世界。21世紀はどっちが大切か論をまたない。

④江戸時代の場所的教育と日本社会

日本の江戸時代には、各藩が藩校をつくって教育を進めていき、自然な形で政治、行政、産業、教育を含めた大きな市民社会が、縄文時代から続いている日本型共同体文化をベースに生まれた。そういう意味で、日本は市民社会というものが争いなく平和裏につくられた唯一の国だったと言える。一方、ヨーロッパの階級社会では市民革命という武力を行使した革命――フランス革命、ロシア革命といった大革命を繰り返し、やっと市民社会ができあがった。ちなみに日本は、国全体で公としての教育をやったことで市民社会が自然につくられていった社会であり、西洋では、支配階級が意図的に自己中心的な世界観で上流階級と下流階級に分断した社会がつくられていった。自分勝手に公をつくる階級とその公に従わされる階級の争いは、今後とも尽きない。〝ことば〟と〝心〟を分けた管理型社会の教育は、社会を上下に大きく分けてしまった。21世紀になっても、欧米では支配層に対して被支配層はストライキを起こして都市を破壊している。日本では春闘やストライキはとっくに死語になってしまっている。

ヨーロッパは支配層のための社会をつくっていき、一般大衆はその道具と考えられていたが、反対に、日本社会では、縄文以来各地の日本共同体の集まりとして自然国家が成立していたため、奈良時代以降、人工国家としての政府ができても、主体は自然国家だった。これが日本の公を他国とは違うものにしていった。

それが如実に現れたのが、大東亜戦争が終結し、欧米による占領が終わった後の日本だと思う。当時、欧米は日本を三流の低開発国にしてしまおうとしていた。日本の焼け残った生産設備を持ち出し、政治も行政も現体制をどんどん破壊していった。天皇とマッカーサーの写真がそれを表している。

そして、天皇個人の全国巡幸が始まる。欧米側は、警備も十分でなかった当時、全国巡幸で暗殺事件が起こると考えていたと思う。欧米の常識では当たり前のことだからだ。しかし、国民の大歓迎ぶりに初めて欧米は日本との差を知った。しかし、これは考えてみると当然のことだった。

縄文以来の日本の自然国家がよみがえってきただけのことだった。ここでも表に現れている世界と、その奥に隠れている世界があることを日本人は知っていた。これも、何回となく述べてきた、現れている世界（明治以来の欧米化した仮の日本）の奥に隠れている本物の日本の世界があったということだ。

この結果、表に出てきた日本再建の機運は大きくなっていった。天皇個人の問題ということもあるが、それよりも日本型共同体の長（おさ）としての天皇を通じて、縄文以来の日本文化を日本人が再認識したということだと思う。

今改めて考えてみると、日本は、欧米をまれびととして受け入れ、逆に日本文化に溶かし込んでしまった。

第8章

日本型共同体はどういう人を育てたか

①5つの種族と3つの世代を1つの共同体にした教育・文化

日本は、5つの種族(モンゴル系、雲南系、ポリネシア系、朝鮮系、シナ系)が4つの島の自然の中で1万年を通じて交じり合い、1つのDNA、言葉、文化、社会が自然に成立していった。折口信夫が提唱した〝まれびと〟の中で、最後のまれびととして日本は米国を受け入れ、21世紀以降も完全に消化して今日に至っている。これまでにもインド、シナ、欧米など、世界のあらゆる文化を取り入れた。そのため日本は、世界のまれびとの国際的な香りがし、世界中の人間がノスタルジーを感じるまでの国となった。日本ほど世界の文化が来ている国はないだろう。これが、日本に外国人の旅行者が多い理由の1つであると思われる。これもモノづくりを軸に生活しながら、共同体の中の現場を通じてまれびとを受け入れ、モノづくり、人づくりの教育を自然体で行ってきた結果である。生活の現場と人の教育を分けていたら、こういう結果は得られなかったであろう。

一方、シチリア島は、5つの民族（ギリシャ、フェニキア、ローマ、カルタゴ、ノルマン人）の力によって何千年にもわたって征服されてきた。これらは現在どのような形で現場が残り、どういう人間をつくっていったのだろうか。1万年続いた日本型共同体は、その後の2000年を経た現在でも縄文の文化を残し、その上にまれびとを融合して新しい文化にしている。日本は世界にないものを残したのだ。これが言葉をディベートの道具とするか、相手の心を理解する道具とするかの文化の差だ。

特に、縄文の人づくり文化は、日本型共同体文化を通じて世界にない教育システムを残した。これは文字を持たない〝話しことば〟だけの1万年を過ごした結果で、モノづくりと人づくりを通じて、人のことばの奥を聞き、それを合成する力を身につけたためである。

もう1つ、縄文時代を通じて現在でも残っていると言えるのは、人の一生を共同体で過ごす終身雇用と年功序列のコミュニティである。ところで、現在言われている欧米型の年功序列と日本型の年功序列の違いはまったく別物であるということを理解している人は少ない。

日本型共同体の年功序列とは、若年層が中年層に、中年層が高齢層に歳とともに自然に成長していくことによって、この3つの層がそれぞれの機能を持ちながら成立していくシステムで、その結果として終身雇用になってしまう。日本では、現場からスタートし、身体知を育てながらリーダー層になり、その後、高齢層を形づくっていく。このシステムをベースに、年功序列と終身雇用が成立している。現場は一生現場であるとする欧米とは決定的な差がある。

これも、日本型共同体社会では、誰かが〝決める〟のではなく、自然に〝決まる〟システムで、評価も誰かが〝決める〟のではなく、全員が正しいと考えるところに〝決まって〟いく。これが日本型共同体の実体である。誰かが〝決める〟システムは管理型であり、日本型ではない。

日本型共同体社会は、高齢層、中年層、若年層に分かれている。その中で、中年層がグループの全体を動かしている。現代社会で言えば、仕入れ、販売、製造、開発、人事、評価等すべてをやっているということである。さらに、中年層は若年層を共同体メンバーとして教育する。つまり、内部のことはすべて中年層に任されているということだ。一方、高齢層は、若年、中年を経た年代で、客観的にグループを見る機能、外部世界との交流、外から中を見る機能を果たしている。中年層は中から、高齢層は外からの戦略である。この2つの戦略は当然異なっているのだが、この2つを合成したところに、環境変化（市場の変化を含めた外部世界の変化）に対する自分たちの「ありたい姿」が浮かび上がってくる。

これが日本型長寿企業の歴史であり、縄文から伝わっている伝統だ。50年以上、会社が続いていると、自然と若年層、中年層、高齢層は完成されて日本型共同体の基本形ができあがっていく。

この場合、欧米ではオーナーが最後までグループ全体を仕切る。これは、2代目、3代目がオーナーと同じくらい優秀ならいいが、これはあまりあり得ない話で、数代続くと終わりがやってくる。

これをもう少し詳しく見てみよう。まず、若年層は歳とともに自然に中年層になっていく。中年層が高齢層になるのも同じだ。しかし、若年層が中年層になっていくにつれて、当然、機能は変わっていく。中年層が高齢層になっていくときの機能変化も同じだ。しかし、若年層全員が中年層になっても、この中でリーダーになる人とフォロワーになる人が自然に分かれていく。これは誰かが決めるのではなく、ごく自然に決まっていく。中年層になると、自ずと自分の特長が出てきて、ある分野では誰がリーダーになるかが自然に決まる。このようにして、多機能を持った共同体になっていく。

中年層が高齢層になるときも同じことが起きている。そして高齢層になって、各人の特長は集団のトップレベルの域に達していく。これが日本型共同体の年功序列と終身雇用で、欧米ではこのことはほとんど理解されていない。このような日本型長寿企業になるためには、その奥に隠れている日本型共同体の教育システムがあることは論をまたない。これが共同体の文化をつくり、それに沿ってすべてのシステムは自然とできあがってくる。

欧米では、このタイプの長寿型企業はほとんどない。日本では、オーナーが自分と同年代の社員を含めて高齢層をつくり、若年層、中年層とは違った機能を担う。オーナーがオーナー然としている企業は、日本では長寿型にはならない。長寿型の企業では、若年層、中年層、高齢層がそれぞれ違った機能を持ちながら、共同体として発展し進化していく。これにつれて、個人も自己実現を通じて成長し、年代とともに機能を変えていく。

したがって、社会の変化に合わせて自分も変化させ、環境と一体になって100年、200年、300年と長寿型企業に自然となっていくわけである。

欧米でも長寿型企業はあるが、日本の共同体のように、中年層は「統治すれども君臨せず」、高齢者は「君臨すれども統治せず」という形で、権威と権利をそれぞれ違う層がしっかりと受け持っているところはない。

②3世代別々の機能を1つにしていく日本型教育

戦前の子供たちは、5~6人くらいの仲間うちで自然に前述の3つの機能を持っていた。1・2年生グループ、3・4年生グループ、5・6年生グループに分かれて、それぞれの機能を果たし、遊びを通じて子供としての共同体の進化を遂げていった。戦前の企業は、社長でなくダンナ（旦那）と呼ばれていた。江戸時代は、番頭が全部仕切っていて、ダンナグループ（高齢層）と番頭グループ（中年層）の両者と若手から成る一体化した共同体が日本型イノベーションを起こしていった。

江戸時代の衣食住のモノづくり集団のほかに、明治以降、機械文明が入ってくることによって、新しいモノづくり集団が成立していった。これを町工場といったのだが、これこそ縄文時代から江戸時代までを受け継いできた日本のモノづくり文化である。縄文時代のモノづくり文化、江戸時代のモノづくり文化が、機械文明を受け入れて対象が変わっただけで、日本型共同体社会から出てくる機械分野のイノベーション文化であることは変わらない。社員が10人だろうと1万人だろうと、これは変わらない。

21世紀に入り、大量生産産業が成長から衰退時期に入るにつれて、製造システムを町工場文化から欧米型に変えたところは今後大きな混乱期に入ることは間違いない。

一方、21世紀の日本では、若手は新しい技術を理解し、これを実現しようとすると中年層と一緒になって行動しなくてはならない。両者の合成はディベートで決めるのではなく、共同体で経験を積み上げていくことが大事になってくる。実行レベルになると、過去の歴史から失敗の経験を通じて成功したことが分かってくるので、高齢者の経験から得たことが大切になってくる。そして、10年先、20年先、30年先の市場の変化をとらえるには、中年層、若年層にはない高齢層の長い経験からくる〝読み〟が不可欠で、集団の長期戦略を考える上でとても大切なものになっていく。特に20世紀と違って、明日、何が起きるか分からないくらい激変が続く21世紀には、高齢者の経験と〝知恵〟と〝読み〟が不可欠だ。これからは、外部に接することによって得られる外部世界との関係・情報が大事になっていく。

これが21世紀のイノベーションの基になると言える。また、イノベーションに「アイデア→試作品→製品」という3つの工程があるとすると、若年層、中年層、高齢層が有機体にならないと、これは実現できない。この「アイデア→試作品→製品」の1つ1つがうまくいくには、少なくとも5〜10年はかかる。まして21世紀のイノベーション、すなわち、すみわけ商品の開発には20〜30年かかってしまう。

これはモノづくりの共同体の例だが、同じことが和敬塾でも言える。

・4年生（高齢層）
・3年生（中年層）
・1、2年生（若年層）

まさに縄文以来の日本型共同体の姿そのままだ。前述の小学生のグループも近年の町工場文化も、縄文以来の日本文化を受け継いできている。欧米型を取り入れたところは、今後、問題が大きくなっていくだろう。ところが、縄文時代とは違って、欧米のまれびとをそのままそっくり受け入れたところで問題を起こしている。現在の大会社、行政、教育、政治など、江戸時代と違った管理型組織をとっているところはすべてその傾向が見える。

まず、日本型共同体社会には、数で決めるとか、トップが決めるという習慣はない。決まるべくして決まる。決めるのではなく決まる。すなわち、全員が納得するシステムである。現在、社会的問題を起こしている管理型組織は、ルールを数で決めているところが多く見られる。これは日本の文化にはなじまないシステムだ。全員が「私は参加したけれど、この結果には責任はない」と思っているシステムだ。現在、日本の管理システムをとっている大企業や行政等で今まさに起きている問題だ。これなら欧米型の管理システムのほうがいい。

しかし、よく見ると、欧米型の管理システムだけで決定しているようにも思えない。といっても日本型でもない。この2つを抱えているために決定が遅れるように見える。最近の情報に、地方議員の16%が無投票で決まっているとあった。ひょっとすると、投票というのは、日本型共同体には合わないシステムで、その終わりが始まっているのではないだろうか。国会や各省を含めた行政も大きく変化し始めているように見える。縄文以来、別々のものを1つにしていく日本型共同体文化でなく、欧米型の分かれているものを投票で1つにしていくシステムは、日本には文化的に合わない。

③もう一度イエシステムに戻る時期

最近、日本が取り入れた21世紀の欧米型のシステムは大きな問題を起こし、政治、行政、教育においても大きく変わらなくてはならないような重大な問題をいくつも起こしている。一方、最近、まれびとを受け入れた文化の問題点も大きくなってきている。例として、オウム真理教、統一教会、オレオレ詐欺等の問題である。その本質を見ると、まれびと文化を受け入れる体質の問題点で、それは人の言うことを簡単に信じるところにあると思われる。欧米をはじめ海外では、オレオレ詐欺のように人を疑わないケースはあまり聞かない。それに対する対策を官民あげてやっているが、効果は一向に上がっていない。これは、まれびとを簡単に受け入れることからきているのだろう。その他のもう1つの日本の問題として、高齢層の問題がある。夫婦2人で住んでいるうちに片方が亡くなると、独りになってしまい、孤独死しても何日も分からないというケースが増えてきている。これは〝イエ〟というシステムが崩壊してしまったことによる。

村上泰亮、公文俊平、佐藤誠三郎著『文明としてのイエ社会』（中央公論社）を要約すると、次のようになる。

縄文時代の後、奈良、平安時代はウジシステムができていく。これが1000年続き、次にイエシステムができてイエシステムは同じく1000年続くが、このダブっている500年が平安末期から戦国時代で、これを経てイエシステムへ移行していく。

すなわち、奈良時代に受け入れた管理型社会の影響で、縄文にはなかったウジシステムによる家長制度ができ、これが縄文型のイエシステムに変化するまで、平安末期から戦国時代までの

500年を経なくてはならなかったということだ。

この面でも、江戸時代に完成したこのシステムは、それまでのプロセスを経た上で完成度を高めた制度だと言える。現在の日本のイノベーションを起こしているグループは、このシステムをとっている。21世紀の日本の家庭をイエシステムでもう一度、日本型共同体社会として構築し直さなければならない。しかもこれは早急に手をつけなくてはならないだろう。今、打たれている政策はこの線上に乗っていないのではないか。論理や政策ではなく、共同体の再構築が急務と思われる。

この場合、考えなくてはならないのは、欧米やシナのような家族だけのウジシステム（トップがすべてを決める）ではなく、イエを中心とした日本型共同体社会が21世紀の日本のイエシステムになるということだ。ここが奈良・平安時代のウジシステムと違っているところで、日本型共同体社会はこのような形で進化している。

すなわち、家父長一人のためのウジシステムから、一族郎党を含めたイエシステムへの移行で、後者は完全に日本型の共同体になり、生死をともにしている。「死なばもろとも」の運命共同体的な組織になっている。大東亜戦争における硫黄島の戦いや特攻隊などはこの例だ。

和敬塾のことを書きながら、自ずと日本社会全体の問題になってしまったが、実は、この問題はすべてにつながっていて、一方を書くことは他方に言及することになってしまう。どこからスタートしても全体に行きつくのが、20世紀と違った21世紀の複雑系の特長なのだと思う。

しかし、先述した問題点——青少年の自殺、殺人、ひきこもり、登校拒否、高齢者問題等は、江戸時代では考えられない問題だった。イエシステムは江戸時代に完成している日本型共同体社会の1つの理想形だと思う。つい100年前まであったこのシステムに、われわれはもう一度戻らなければならない時期に来た。

一方、日本の長寿型社会では、縄文以来の文化をしっかりと受け継いで21世紀のイノベーティブな社会にしてきており、管理型社会も時間とともに日本型共同体社会に変化していかざるを得なくなってきている。問題は、縄文からの日本型教育システムを変えてしまった戦後の教育界をいかに早く本来の姿に戻すかである。

第9章 和敬塾の目的と原状

①教育にも必要な心の世界

和敬塾は１９５５年（昭和30年）に縄文からの日本文化の流れを汲《く》んだ「共同生活を通した人間形成」を目標とし、旧制高校の卒業生が中心になってつくられた。おそらく旧制高校は、江戸時代の藩校の流れを汲む日本型公の精神形成を目的とした男子塾として設立されたのだろう。

和敬塾のもう1つの設立理由は、戦後、アメリカ軍によって男女共学、6・3制、知識偏重の教育が中心に置かれ、旧制高校が廃止されることに危機感を抱いた人たちが、旧制高校の流れを汲む大学生寮をつくるべきだと考えたことによる。おそらく、米軍は、当時の日本の指導者のほとんどが旧制高校の卒業で、この人間関係の結束が日本の原動力だったことを知って、旧制高校を廃止したのだと思われる。実は、大学よりも旧制高校の人間関係が当時の日本をつくりあげていたことは間違いない。旧制高校がモノのためではなくコトのための〝人〟をつくったのである。やはり、縄文から続く生活を共にした共同体は、日本型共同体の原型だったのだろう。しかし、当時の大学では（現在の大学でも）、これは起こらなかった。

もう1つの大きな問題は男女共学だろう。日本は歴史的に男女を差別したことはない。天照《あまてらす》大神《おおみかみ》や紫式部は女性だ。むしろ、差別をしてきたのは一神教で、女性は男性の骨の一部から生まれるとされている。もとより、争いの世界では、男が中心になっていることはどうしようもないだろうが、この反省から、欧米では20世紀になって急に女性を持ち上げ出したと言っていい。「男女同権」「男女平等」は、男女が同権ではない、平等ではない社会だから出てきた考えだ。本来、こうしたことは日本にとって不要であるが、欧米にならって男女共学を進めたことで、男女同質の結婚したくない男女が増えて、少子化が進んでいる。しかも、学校は知識偏重の教育で、心を患っている子供を増やし続けている。これらは欧米の「男女観」「教育観」から出てきたものので、日本社会には不要であるだけでなく、ひずんだ社会をつくることになってしまった。欧米の管理型社会、そして、それらから生じてくる社会の二極化や格差社会を日本社会から早く消し去らなければならない。

もとより、欧米でスタートした大学は支配層のためのもので、ヘラクレイトス以後の〝現れている世界〟のみに焦点を当て、支配層のための科学・技術中心の個とモノの世界をつくっていった。そうなると、あらかじめ結果は決まっていて、日本の大学は、現在の学習塾や予備校のようなものになってしまった。何百人も集めて講義をする藩校などというものは考えられないだろう。これに対して、和敬塾は本物の教育の場をつくろうとしてきた。おそらく、21世紀の大学は日本型共同体に主力を置くようになると思うが、21世紀の日本の若者は、幼児の頃からの欧米型の教育を通じて科学的・技術的な論理性を十分に持って成人になっている。あとは〝心〟を育てることが教育の中心にならざるを得ないと思う。

戦後50年、2000年になって初めて戦後教育の弊害が出始める。そして、登校拒否、引きこもり、いじめ、自殺、殺人等が多発し、社会的な問題になり始めた。自殺の場合はそれこそ大問題になったが、由々しきことは、その理由を先生も知らなかったし、家庭の親も知らなかったことだ。どうしてそういう状態になったのかは誰も知らなかった。これらの問題は教育界で大問題になったが、明らかに戦後の日本の教育が知識偏重に大きく変質し、〝心〟の教育をおろそかにしたことで人間関係がプアになったために表に出てきたことだ。教育の表の面のみに重点を置いて、隠れている面をないがしろにした戦後教育の結果で、早急に隠れた面を重視した日本型共同体の教育システムに戻らなければならない。戦前にこのようなことは起きていただろうか。

これは明らかに戦後の現象で、はっきりした原因がある。われわれは初心に帰って、今でも日本社会に流れている縄文以来の日本型共同体社会を思い出す時期に来ているのではなかろうか。

昔の悪ガキは、柿泥棒をした事実がばれて、親に問い詰められても絶対に口を割らなかった。これが子供たちらしい共同体の暗黙の掟《おきて》だった。良くも悪くも共同体とはそういうものだ。子供たちは自分たちの共同体のルールに沿って成長していく。これは、前述の日本型長寿企業の人の育ち方と同じで、若年層の問題はある程度自浄作用に任せていた。江戸時代の薩摩の若衆宿も、これをもっとシステム化してその後の薩摩共同体をつくっていった。

しかし、現在起きている青少年の問題は、旧制高校のように正しい日本型共同体にしないと解決しないだろう。その一翼を和敬塾は担いたいと願っている。

今までの「知識偏重の教育」ではダメだということになって、「人間中心の教育」にしなくてはならないということが盛んに言われるようになった。しかし、これは日本だけの問題ではなく、世界中の問題だ。確かに欧米やシナは、昔から知識偏重の教育を行ってきた。シナで行われていた科挙はその最たるものだろう。OECDによる教育システムの総括レポートには、20世紀の知識偏重教育は失敗だったと記されている。

実は、昔を考えてみると、子供たちは小学校の頃からよく遊び、その中で、下級生は上級生から何を教わればいいのかを学び、上級生は下級生に何を教えればいいのかを自ずから学んでいった。子供たちは遊びながら学んでいき、そんな経験を経て、社会に出るか旧制高校に行くか、それぞれわが道を選んでいったが、そういう中で自然に子供の頃からの「共同体社会」ができあがっていった。これが戦後の知識偏重によって、学校の成績で人を選ぶという人工的なシステムができ、小学校から塾に行っている子供は増えても、町で遊んでいる子供たちは見なくなった。いわゆる日本型共同体社会の崩壊が始まったということだ。学校の点数で生徒を評価するシステムは悪いとは言わないが、これだけで評価する教育システムは日本型共同体社会にはなじまない。これも日本型企業の評価と同じで、人間の評価が先だ。戦前までの日本の教育はこれだった。日本の生徒は現在のシステムに無理やり合わせられている。一刻も早くこれを変えることだ。

もう1つ考えなければならないことは、親離れし出した小学生の頃の共同体社会の経験が一番大事だということだ。ここで共同体になじむと、その後はスムーズにいく。しかし、この過程を経ないで学校生活を終えて社会人になり、日本型共同体の仕組みを知らないままでいると、大変なことになる。昔、動物学者が生まれたサルをすぐ人工飼育して、大人になってから群れに帰したところ、そのサルはどのようにサル社会に対応したらよいのか分からず、溶け込めなかったため、また、人工飼育に戻したという記事を読んだことがある。同じことが人間でも起きている。これは病気ではないから、薬や医者の治療では治らない。

②和敬塾でどう学生は変わるのか

和敬塾は、寮生中心の社会で、定員100名ずつの寮が4棟あり、各寮に10名くらいの班がある。班の中には1年生、2年生、3年生、4年生が混在しており、留学生もいる。その班のメンバーが中心となって、いろいろな行事を行っている。歓迎会、運動会、マラソン、野球大会、予餞会《よせん》（劇）、餅つき等の行事をこなしていくのだが、それによって得られる特筆すべきことは、それらを通じてできあがっている和敬塾の共同生活の質の高さである。

和敬塾では、新入生が入ってきたら2年生の先輩たちが一人ひとりチューターとなり、新入生が共同生活に溶け込めるように、一緒に風呂に入ったり、買い物に行ったり、散歩をしたり、小さな旅行に出かけたりして、2年生と1年生の二人の共同体の世界ができあがっていく。これが和敬塾に入って最初に学ぶ共同体の入り口となる。やがて、3カ月もすると、共同体の一員として仕上がり、寮のみんなに認められるようになっていく。この時期で一番大事なことは、1年生の疑問に2年生がきっちりと答えること。その際、前述した〝話しことば〟による縄文時代の人間と人間の心の交流が大切になる。

2年生Aは1年生Bに1年間の和敬塾での生活を通じて話していくが、1年生Bは自分の今までの生活では気がつかないことにハッと気づく。Bの隠れた世界を気づかせたことで、BがAにその話をしていくにつれて、Aの隠れている世界もAが気づく。このようにして、AとBの共通した隠れた心の世界に入り、二人の共同体が生まれ、生涯の友になっていく。これを通じて、Bは共同体の中で先輩とどう付き合っていくかを学んでく。しかし、これは管理型社会における上下関係とはまったく異質なもので、日本型共同体社会での上下関係である。このチューターシステムは、1年生は自分のためにあると考えているが、2年生によると、2年生になって共同体の中で後輩とどう付き合うべきかを学ぶためのシステムだと思っている。これが日本型共同体の原型である。人を知る、社会を知ることがどういうことかを学ぶ。これは、彼の今までの学校生活の中にはなかったことだ。極端な言い方をすると、彼はそこで初めて〝人間〟と出会ったと言える。

和敬塾では1年生の終わりに感想文を書くのだが、このことの重大さを異口同音に書いている。そうこうしているうちに、1年生は1年生同士、2年生は2年生同士でも共同体の関係ができあがり、さらに3、4年生との関係も広がっていき、和敬塾という大きな共同体の一員になっていく。和敬塾でできた生涯の友は、卒塾後も続き、各地方に塾友会ができて活動しているが、今の大学で地方の校友会を毎年開いているという話はあまり聞いたことがない。和敬塾の塾友会では、和敬塾でできた人間関係がその後も続いている。

海外留学生も同様に、日本人の若者が成長していくのと一体となって、日本文化を深く理解していく。一方、日本人学生は、生活を通じて外国人との交流の中から外国人を理解していく。〝話しことば〟を通した心の交流で、これがないと外国語だけうまく話せても、本当の交流がなく意味がないものになってしまう。おそらく、そのうち外国語をうまく通訳する機能を持った携帯端末が出てくるのだろう。そうすると、何を伝えるか、何を聞くかは〝ことば〟の奥にある世界の話になる。これは身体知を通じて心の世界の話が中心になってくるだろう。

前川製作所でも若いうちに海外に出張するケースが多いが、外国語ができるかどうかは問題にならない。伝えるのは技術だ。日本語で十分で、相手は必死になって彼のやっていること、言っていることの奥にある心の世界で理解しようとするからである。そのうち、本人もいつの間にか外国語を話すようになっている。

東京に来る高校生は、それまで受験勉強一辺倒で、友達と深く付き合った経験はない。和敬塾に入ってからは、たまに故郷に帰っても落ち着かず、すぐに和敬塾に帰ってきてしまうようなおもしろい現象が生まれる。夏休みに田舎に帰ると、両親が「自分の息子の成長ぶりに驚く」という。

和敬塾では、寮ごとに1年生、2年生、3年生、4年生の全寮の会議がある。そのときは寮長・副寮長も入れずに、自分たちだけで2、3日かかるような会議をする。それが全体の合意形成をつくっていくことにつながっていく。

そのほかにも、前期と後期に分けて寮のリーダーを決める会議がある。今期は何を目標にするかを決める、寮生が一番真剣に議論するときだ。何日もかかることがあり、ここで寮生の真剣な意見が交わされることになる。「今期、わが寮は〝思い〟を〝想い〟にする」ということを決めた寮もある。深い議論を寮生全員でしないと、このような結論は出てこないだろう。

③塾生は4年間で和敬塾共同体型の人間になる

実際の話、高校生までは母親の言う通りになっているという状態が多いが、和敬塾に来て一番の問題点は、いかに母親離れをするかという点にある。入塾して、母親から離れて男社会に入るということが初めて行われるのだ。

和敬塾の共同生活に入ることによって、「他人を知り、己を知り、社会を知る」という世界をいち早く、穏やかに、かつ重厚に体験できる。そういうときにできた友というのは、それから60年間を通じて生涯の友となっていく。これは、旧制高校の場合とまったく同じだと言える。

【和敬塾の共同生活の特長】

・人は自然に育つ
・ことばから心を伝える日本型共同体
・感覚知による対話、チューター制
・生涯の友を得る場
・日本人らしい男が育つ場

今は、昔のような子供のときからの共同体は崩壊している。学校では、男女平等教育が行われ、女性みたいな男子ができたり、逆に男性みたいな女子も多く育っている。したがって、真の男性も知らない、真の女性も知らないという高校生活を送ってきたあとに、和敬塾に来て初めて真の男性社会に出会い、男らしい男になっていく。男性社会をよく理解した上で、初めて本物の女性社会というものを理解できるようになる。これなくして、本物の人間社会は理解できない。そして、男の〝公〟と女の〝公〟が分かり、社会人として〝公〟の世界が理解されるのだと思う。そうして、戦後に言われ出した「男女同権」がいかに薄っぺらなものかが理解できる。

日本型共同体社会における〝公〟としての違いは、このようにはっきりと別々の機能を持ちながら1つになって日本型共同体社会になくてはならない形をつくっていく。これに加えて、3世代ごとの別々の機能が日本型共同体の〝キモ〟になっている。一人前の男になるということは、共同体の人間としての判断基準、人生の生き方、人との付き合い方を通じて〝公〟とは何かを学んでいくことだ。おそらく、このことは日本型共同体の神髄であることは間違いない。

第10章 今後の和敬塾について

①21世紀の和敬塾の変化について

和敬塾が目標としている「共同生活を通した人間形成」については前述した通りだが、江戸時代の教育もこれを目標としていたのではないかと考える。なぜなら、「読み、書き、そろばん」は共同体のためにもなるが、これだけなら町の商家でやられてもよかったはずだ。しかし、そうしたケースはなく、和尚さんがお寺で行っていた理由は何だったのか。それは、和尚さんが当時の日本社会では、社会における高齢者として公の役割を果たしていたからだと思われる。すなわち、共同体の公のリーダーと、共同体を含む場所を伝える公としてのリーダーは、別の機能を持ちながら共同体を外と内から正しく成長させていく。欧米の支配階級から出てきた人工的なリーダーとは質が違う。

これが子供たちに知らず知らずのうちに与えた影響は大きかったと思われる。しかし、当時の寺小屋を描いた絵を見ると、子供たちは思い思いの方向で机を囲みながら話をしている中で、和尚さんの前にはきちんと座った子供が一対一の対面教育をしている様子が描かれている。日本型共同体の教育は、武道でも茶道でもモノづくりでも一対一であり、集合教育にはならなかった。和敬塾においても一対一から始まり、班、寮、塾、塾OBと広がっていく。これが日本型共同体の教育の実体だ。

一方、集合教育で試験をして、点数をつけて成績を決めていく欧米型の教育は、日本にはなじまない。寺子屋や藩校では、点数で人を判断したことはない。日本海海戦のとき、東郷平八郎や秋山好古《よしふる》は点数で選ばれたリーダーではない。しかし、ミッドウェー海戦時には海軍兵学校の点数で選ばれたリーダーで惨敗を喫したと言われている。これも欧米型が日本になじまない点だと思う。おそらく江戸時代の教育が日本型共同体社会で大きな機能を果たし、その機能の一部として「読み、書き、そろばん」があったが、本当の目的は高齢者による日本文化を理解させる人間教育であった。現在の教育と比べてみると、その差と結果は歴然である。これが崩れて、いよいよ大きな弊害として現れてきたのが20世紀末からである。

ところで、日本型共同体社会でシャーマニズムからスタートした神道は、山も木も台風も地震もあらゆる自然現象を神とし、自分よりも優れている生き物を神として敬った。一方、インドの仏教哲学が日本文化に溶け込むと、命を大切にし、何事ももったいない、ありがたいというような大乗仏教に変わっていった。もちろん、小乗仏教の〝空〟というインド仏教の神髄もきちんと日本文化に溶け込んでいる。これらは21世紀の世界と何も矛盾を感じさせず、公の世界に世界の人々が自然に入っていく。一方、すべての解決を論理ベースに言葉で解決しようとすると、これには自ずと限界がある。そこで、一神教で全知全能の神に頼るしかなくなる。これで解決しないと、殺し合いの戦争になる。コーカサイドは、21世紀の現在になってもヨーロッパでこれを行っている。

20世紀から21世紀の激変に沿って、日本のモノづくりの世界はどのように変化していったかは前述した通りだが、和敬塾でもこの変化で同じように影響を受け、令和になってから新しい人づくりについて新しい活動が始まった。

4年前、問題意識を持っているメンバーが4人集まり、20世紀において和敬塾はどのように生きてきたのか、問題になっていることを洗い出し、整理して、この問題がなぜ起きているかについて議論を行った。1週間ほど続けて議論し、問題点を10枚くらいの模造紙にまとめて残した。

その中で大きく分けて3つの問題点が浮かび上がってきた。これを実行に移すため、共同体学、計画学、地域学の3点にまとめた。これらの3点は、まったく新しい問題点というより、20世紀までは隠れた世界だったが、21世紀というまったく新しい時代になったために出てきたものである。3点とも「共同生活を通した人間形成」をするという目標は不変であるが、21世紀に合わせて変化させる必要が出てきたということである。

この議論を通じて分かったもう1つのことは、和敬塾が創立以来、60年間「共同生活を通した人間形成」を順調に遂げてきたという事実であり、この間の成長は、外からリードされた成長ではなく、旧制高校の寮のように塾生の内から出てきたものであるということだ。各寮の委員会は、毎年レベルを上げてきた。その発展に合わせて、いろいろな行事もスタートしていった。

この60年間ではっきりしてきたことがある。それは、寮内部の寮生による会議を通じて自然にできあがってきたシステムがあり、これは縄文から続いている日本共同体の教育システムが完全に受け継がれていると言えるものである。戦前の旧制高校の寮生と同じ成長の仕方をしてきている。そして、これは、江戸時代の本居宣長の〝やまとごころ〟に現れている日本型共同体社会の文化の流れを汲んでいると思われる。

ここで注目されるのが和敬塾で行われている行事で、夜出発して朝帰ってくる山手線一周ハイク、3年生劇、4年生劇、それに卒塾生を送る会などがあるが、何といっても圧巻なのは体育祭の騎馬戦だろう。縄文以来、日本型共同体社会には独特の祭りがつきものだが、和敬塾の共同体にもそのような大行事がある。これらの行事を通じて、和敬塾は共同体のレベルを上げていったが、21世紀になってこれをもう一段上げることの必要性が分かってきた。具体的に言えば、内部だけで理解されるのではなく、これを外部にも発信していかなくてはいけないのではないかということである。言い換えると、内部だけ通用する公から、外部へ発信する時期がきたということだ。逆に言うと、21世紀になって、日本を含めて世界は、共同体社会を強く求めるようになってきたということだ。現在の欧米とロシアとシナを含めた管理型社会の主義主張や制度の違いの問題ではなく、日本から見ると、世界も真の共同体社会を求めているように見える。歴史から見ても、管理型社会は疲弊して終わるだろう。そして、その後に来るものとして、日本型共同体社会が解決策の1つになることは間違いないと思われる。

和敬塾も時代の変化に沿って3つのプロジェクトが立ち上がった。「共同体学」「計画学」「地域学」である。

②共同体学

1つ目のプロジェクト「共同体学」であるが、これは和敬塾の現場からスタートさせようとしている。塾生の日々の生活から「共同生活を通した人間形成」を深掘りするのである。

和敬塾の60年間を通して、前述したように寮生自身でつくった「寮生活を通した人間形成」は間違いなく行われてきたし、現在も同じように4年間で人間として見違えるように成長している。これには現実を現実たらしめている、隠れている力があるはずである。これがなければ60年間も同じように4年間で人間として成長するはずがない。しかも、和敬塾の共同体のレベルは、時代とともに確実に成長している。実は、これは前川製作所のモノづくりでも同様に感じていることでもある。しかし、モノづくりよりも人づくりのほうがより深い課題で、より深い本質の世界になっている。しかし、それだけに難しい問題であることは間違いない。

大学生が4年間で見違えるように人間として成長するという現場が60年間も続いているという事実が和敬塾にある。前述したような共同体がどのように心に影響を与えているのかを学問的に整理・分析し、追求して、世の中に発表したいと考えている。

しかし、この対象となるのは、縄文以来、日本人が住み続けてきた場所であることは間違いない。そうすると、すべての学問が問題となり、結果として複雑系の学問になるだろう。今のところ、和敬塾から見た場所を対象としているので、いろいろな場所からの研究が進めば、また別のものになっていくのだろう。とにかく、ぜひ和敬塾から見た場所の複雑系の学問を見つけたいと考えている。

③計画学

2つ目のプロジェクトは「計画学」だ。この21世紀型のプロジェクトを進めようとすると、戦略をつくる際に計画学というものが必要になる。これも前述した通り、20世紀までの計画とは違って、まったく新しいアプローチが必要になってきたということだ。

第6部第15章（20世紀の計画と21世紀の企計）で述べる通り、21世紀の計画づくりは、20世紀まではまったくの別物である。20世紀は、表に現れている現象の問題点を対象とするだけであった。しかし、モノの時代が終わった21世紀は、モノを生じさせている本質に対しての計画づくりになった。和敬塾で言えば、20世紀の和敬塾をつくってきた現実の奥にある、20世紀には表に現れていない世界を含めた計画である。

例をチューター制度にとってみると、2年生と1年生の問題は2〜3カ月のうちに大きく変わる。これが生涯を通じた付き合いになることは前述した通りだが、一体何が起きているのか。表面的には生活を一緒に過ごすことに尽きるのだが、これを生涯の友にしているという本質は何なのだろうか。60年間、これが続いているというのは何か共通したことが起きているということになる。そのほか、例えば、班活動ではどのようなことが起きているのか、体育祭では何が起きているのか、前期・後期の全寮会議ではどうかなど、いくつもの現場で起きていることを分析する必要があるだろう。

例えば、和敬塾のOBは、会社の部長や役員になっても、和敬塾生が面接に来るというと、何をおいても会いにいくと聞く。このようになる土壌は、1年生のときのチューター制度の3カ月でできあがる。この間、同じ寮の同じ階で食事をしたり、大浴場に入ったりしながら、縄文時代から続いている話の奥の世界に入ることになる。1年生たちは「和敬塾に入る前には、このような友人関係はなかったが、和敬塾で生涯の友を得た」と異口同音に述べている。これも表の関係と隠れている世界が1つになったときに生じる人間関係だ。このようにして人と人は日本型共同体になっていく。これも共同体学で述べたように複雑系の学問になるが、何とか和敬塾の現場を通じて表していきたい。

そして、日本型共同体は、その目的を達成するために今期は何をねらうのか、それは現場でどのように行動して達成されるのかといった計画をつくらなくてはならない。これは20世紀までの計画と違って、隠れている世界や、10年先、30年先の社会はどう変化するのかなどの流れを考えなければならず、この難しい課題を失敗を通じて身体知にしていかなければならない。

④地域学

3つ目に「地域学」を掲げたのは、創立以来60年以上にわたって和敬塾が目標としている「共同生活を通した人間形成」の共同生活の対象を和敬塾内部から広げて、和敬塾の生き生かされている場所に対しても行動をする時期に来たということである。

共同体学と計画学は、21世紀の日本で大問題になっている青少年の問題に大いに役立つと思われる。例えば、小学、中学、高校、大学では、それぞれ知識偏重教育のほかに日本型の人間教育が大事になってくることは論をまたないだろう。知識教育は普通教育でいいが、人間教育はそれぞれの学校で必要とする人間教育の目標があるはずだ。これをシステムとして誰でも参加できるようにし、誰もが人間として成長する計画を持っているだろうか。これを抜きにして現在の青少年問題は解決できないと思う。

一方、21世紀のもう1つの大問題に高齢者問題がある。高齢者が全人口の3分の1を超える時代が来るという研究結果が発表されている。現在の年金システムが将来も続くと考えている日本人は少ないだろう。何らかの形で仕事をして自分の生活を支えていく高齢者がいないと、日本国はデフォルトしてしまうのではないか。

しかし、日本は他国に比べて圧倒的に有利な点がある。日本人は定年後も何らかの仕事をして社会と関係を持っていたいと考える高齢者がほとんどだということである。この人たちが60年、70年過ごしてきた過去を活かしながら、新しい仕事を身につけていくことができれば、日本の将来はいっぺんに明るくなる。実は、ここにも共同体学と計画学の出番がある。これができれば、日本の各地域は大きく成長することは間違いない。和敬塾には日本各地に塾友会があり、地域での産・官・学・政の分野で多くのOBが活躍している。地域の課題として、高齢者問題と青少年の教育問題があることははっきりしている。この二大問題に和敬塾として何らかの貢献をするべきではないかと考えている。

以上の3つのプロジェクトは、単独で存在しているのではなく、それぞれを進めようとすると、ほかの2つとの関係が出てくる高度な複雑系の問題である。これらを塾友会や塾生を含めて、

〝公〟として進めていくのが21世紀の和敬塾である。しかし、これらの3点はどこにも参考になるようなケースはなく、独力で試行錯誤しながら行わなければならないと思っている。ぜひご支援をいただきたい。

第4部

日常から非日常へ

第11章 モノと心の豊かさ

①豊かな縄文時代と多神教

一神教は中近東で生まれたが、実は中近東も最初は雨が多く、自然が豊かで、多神教の世界だった。ところが、気候の変動で乾燥して砂漠化していくにつれ、一神教になっていった。豊かだった中近東の森が砂漠化していくにつれて、多神教の神は1つずつ消え、最後に残ったのが「嵐の神（ヤハウェ）」だった。「生活の根源は草であり、その草を生育させるものは、嵐とともにやってくる雨であった」というのが、一神教が成立した理由らしい（鈴木秀夫著『森林の思考・砂漠の思考』NHKブックス）。この神が自然を含めてすべてをつくったというのは、豊かな自然しか知らない日本人でも、空と砂漠しかない中にしばらく立っていると理解できる。

特に「初めに言葉ありき」で神がつくったという聖書に書かれている言葉は、日本の共同体社会における言葉と比べると、その性格は大きく違っていた。世界をつくった神が預言者を通じて人間に伝える。人はこれを信じ、他の宗教に対して排他的になる。同じヤハウェでも別々の預言者によってユダヤ教、キリスト教、イスラム教に分かれて、言葉で正当性を戦うことになり、暴力につながっていく。反面、この過程で排他的な論理は精緻《せいち》になって、論理が哲学を生み、科学を生むことになる。

しかし、日本人は、自然が神を含むすべてのものを生んだと考え、人智を超えたものを神とした。そして自然環境に対応するには、初めから人間がつくった論理の限界を承知した上で、自然との一体感から生まれる感覚の世界を中心に据えた。それが日本型共同体を生み、言葉を生み、哲学を生み、科学を生んで、ヨーロッパとは違った世界をつくっていった。このようにして、日本では感覚が先で、感覚知を軸にして論理的に考える文化ができあがってくる。前述の和敬塾の1年生と2年生の合意の仕方を見ても、二人の感覚知の文化をベースに論理を組み立てていく。しかし、一神教ではその反対である。論理面だけに焦点を当てるということは、どうしても自己を中心に見ることになる。一方、日本の縄文の世界では、各人が感性を持ち寄り、常に変化する現象面の広さや深さを追求するにつれて、共同体の中で感覚と論理の統合が進み、〝私〟が〝公〟に近づいていくことになる。すなわち、日本では感覚の世界を深めながら論理にまとめていったが、論理先行の世界では勝ち負けのディベートになり、一方が負けるまで争いが続くことになる。しかし、たとえ負けても、火種は残っているので、争いはエンドレスに続く。

言葉が生まれる前、ヒト属は他の動物と同じように感性で伝え合って、共同体を進化させてきた。一神教が生まれ、論理、技術の発展を促したが、感性の世界は別物とした二元論の世界に入っていった。一方、日本では、〝ことば〟は心を伝え合う道具だと考えて、一神教とは別の世界をつくっていった。

ところで、縄文人は理解できない現象を神とした。ことばを伝え合っているうちに、どんどん自分たちの隠れた世界に入っていくことになり、これに神を見て〝ことだま〟と称したのだろう。これは結果的に、自分の今の世界の奥に深い世界があることが分かり、これが日本型共同体をつくっていくことになっていった。ことだまは万葉集にも使われているところをみると、縄文時代からあったことばだろう。

21世紀もこのプロセスを経ないと出現しないのではないか。これは〝私〟を離れた〝公〟の世界に入ることになり、一神教の世界の「個」を中心とした世界と180度反対の世界をめざすことになる。一神教では言葉を通じて個の確立ができあがり、論理を正当化する自己主張の世界になる。他に対して常に攻撃性を持っており、そこには「生」の世界のみで「死」は全然ない。これに対して、仏教では生きている世界を仮の世界、死後の世界を本当の世界としている。ちなみに、仏教では現れている世界を〝有為〟と言い、隠れている世界を〝無為〟として、この2つを含んだものを〝法〟とした。これは、2つの相対の世界を離れた絶対の世界、すなわち〝空〟の世界で、われわれの場合、跳んだ後に現れる世界と同じものだと思う。諸行無常、諸法無我である。日本の縄文人は言葉と心を通じて、この2つを身につけていった。日本では縄文時代から日本型共同体を通じて現実の世界と隠れている世界（跳んだ後に出てくる世界）、つまり、仏教哲学の空の世界を生活の現場を通じて習得していったと言える。すなわち、ブッダは何日もの瞑想《めいそう》の後に一人で到達した世界だが、縄文の日本人はグループで到達した世界と言える。

したがって、一神教は表の世界のみで死後の世界はなく、終末論が出てくることになる。一神教は神を通じて個の確立をしてきた。一方、多神教は共同体をつくりあげてきた。一神教は「罪」の文化で、多神教は「恥」の文化である。一神教は「個の内面世界」を広げてきた。一神教は「共同体の内面世界」を広げていった。一神教は「論理」を優先し、多神教は「感覚」を優先させていった。そして、一神教では「科学」が発達し、多神教では「文化」が深まって共同体が進化していく。

モノが不足していた20世紀までは科学技術を中心に大量生産社会が出現したが、これが終わると、文化・哲学をベースにした個別社会に対応していくことになった。世界はなるべくしてなっていく。しかし、この世界は論理を捨てて感覚の世界に入るのではなく、論理と感覚を分かれたものとしてとらえず、この2つが1つになった世界に入るということである。

現在の欧米の政治の多角化と分裂は、言葉による合意を得ようとした結果のように見えてならない。日本ではことばと心による合意が今でも最優先されていて、言葉はこれをサポートするものと考えられている。20世紀までのモノ時代では、言葉によってモノをつくるための計画がつくられた。しかし、感性、すなわち心で感じたモノをつくる21世紀になると、20世紀までの計画は役に立たない。本書の第6部（21世紀の計画）では、浅学の身でありながらこれに挑戦している。

ヒト属は250万年間、いろいろなモノをつくってきたが、そのときのメインは感性で、モノはあくまでも手段の1つにすぎない。言葉も感性から出たモノだ。縄文人は、日常の言葉の世界を掘り下げて〝心〟の世界を伝え合うことで、縄文社会をつくっていった。すなわち、言葉の現れている世界と隠れている世界を1つにしていった。人間はどこかで変な道を歩み始めたが、21世紀になって縄文から続いている元の本道に戻ろうとしている。

自然を征服して人工環境をつくったと考えられていた数千年間は実は夢であったということを、はっきり人類に思い知らせることになった。しかし、問題解決には数千年間の悪癖を捨て去らなくてはならない。これまでの生き方を変えることは考えているよりも難しいかもしれない。

21世紀に必要なのは、それぞれの場で生き生かされている共同体社会のその奥にあるものに気づき、発見することである。これが共同体のすみわけの世界で、これは縄文時代からエンドレスに連なっている。現在の感覚の世界の奥にある、より深い感覚の世界は、関連する共同体との共同作業によって合成され、仕事を通じてより深まっていく。これは環境の変化をじかに受けながら、共同体のゆらぎ、歴史、文化等を通じて新しい世界に入り続け、20世紀までとは違ったホモ・サピエンスの進化につながっていくのだと思う。このため日常の世界から非日常の世界に入り、この2つから新しい生き方を見つけないと生き残れない時代になった。

この意味でも、20世紀までにはなかった「共同体学」と言われる学問がスタートするのではないだろうか。これは、管理型社会の世界でつくったものを道具とする新しい共同体社会を意味し、管理型社会と共同体社会の二者を合わせた新しい社会をつくることをめざしている。

②心の奥にある非日常の世界

約5000年前の人間のミイラがアルプスで見つかった。このミイラは頭を割られて殺されていた。ドイツやオーストリアやスイス等の研究者が集まって身体を分析した。その人間が死ぬまでにどういうところで何を食べていたかが胃の内容物を見れば分かるわけだ。調べてみると、ミイラは2日間くらい1000メートルから2000メートルの山々を移動していたことが分かった。それくらい、5000年前のヨーロッパの自然は豊かではなく、食物が非常に乏しい時代であったことが分かる。その頃から殺し合いが始まっていた。

その頃の日本の縄文の遺跡からは、人を殺したという事実は出てこない。飼い犬と一緒に埋葬されている墓があるくらい豊かだったことになる。そして、自分の〝私の世界〟(現れている世界)から自分の〝公の世界〟(隠れている世界)に自然に入っていくことによって、環境と一体化していった。生きるためには環境と一体にならざるを得ず、これが〝私の世界〟を小さくさせ、結果的に〝公の世界〟が大きくなっていった。

縄文人は自分の内部の世界を深めていく一方で、外部から新しく入ってきた文化を〝まれびと〟としてすべて受け入れ、自分の中で消化し、自分の生き方を新しくしていった。これが日本全国共通の言語、DNA、文化を生んでいった原因である。この点が他国の文化と大きく異なっているところだ。そして、この自分の世界を広めていきながら深めていった結果、自分の日常の世界から非日常の世界に入ることになり、この2つから世界を見ていくという文化を日本の縄文社会は持つことになった。これが、縄文世界を豊かなものにしていった。新しいものは受け入れ、理解を超えたものは神として敬い、争わないで自然と一体化していきながら、新しい世界を創造していく。この生き方は日本独特のもので、21世紀になっても、日本が他国の生き方とは違った国として認められているゆえんである。

一方、一神教の世界では、自分中心の世界を維持するために新しく入ってくる文化に対して戦うこととしたが、これは自分を変えないで生きていくという社会をつくってしまった。日本の場合は、新しい変化を受け入れる中には台風や地震もあったのだが、これも自然と共存するまれびととして受け入れ、自然を征服する対象としては考えてもみなかった。これが多神教の世界だ。

前述したが、よい例が奈良時代につくられた五重塔だろう。それ以前では、縄文時代に三内丸山に建てられた建造物があり、この時代からマグニチュード7にも耐えられる建物が建てられ、これは非日常の隠れている世界を見つけた結果だ。これも自然とともに生きるという文化の現れだと思う。

弥生時代以降、仏教、儒教、キリスト教、ヨーロッパ文化と、新しい文化が入ってきたが、これらをすべて受け入れ、消化して、新しい日本文化をつくっていった。この〝公の文化〟は、欧米を中心とした〝私の文化〟に対する21世紀の日本の対外姿勢として新しく受け入れられるようになってきている。

日本列島に来た縄文人は、大陸的風土とは違って緑の豊かな山があり、川がある地を選んで定着し、生活自体も豊かなものになっていった。何百人が住んで何百年も続いた三内丸山遺跡を見るとうなずける。

いくつかの意見をディベートでなく1つにしていく風土が、日本社会と日本の人づくりとモノづくりを育んできた。日本は他国と一味違った文化と文明を持っていると理解され始めたことで、現在の日本ブームが起き、大勢の観光客の訪日が毎年報じられているのだと思う。これはモノの豊かさをあくまでも追求し続ける欧米と違い、ある程度モノが豊かになった日本社会では、21世紀になって心の豊かさに重点を移していった結果だと思う。

モノの世界は現実の現れている世界だとすると、心の世界はモノの世界をつくっている隠れている世界だ。人づくりとモノづくりは、この2つが1つになったときにできあがる。そして、現実の世界を日常の世界とすると、隠れている世界は非日常の世界である。モノと心、日常の世界と非日常の世界、文明と文化など、現れているものと隠れているものは常に対になっている。われわれは近年、この〝隠れているもの〟を軽視しすぎてきたのではないか。もう一度、縄文時代を思い出す必要がある。

第12章 直観と共感

①一人で〝跳ぶ〟

いろいろなことが起きている現実の世界。その日常の世界の奥に、もう1つの隠れている非日常の世界があり、その2つが1つになって実体の世界が成立している。

しかし、非日常の世界に入るためには、座禅や気功などがツールとして必要になる。ブッダと西田幾太郎は1日何時間も瞑想をして日常の世界と非日常の世界の2つを1つにした世界から、仏教と西田哲学を創出した。これが、われわれが入ろうとしている新しい世界である。人間を例に取れば、人間とは心と身で成立しているが、このどちらも人間とは言えず、この2つが1つになっているところ、すなわち、心と身の2つを含んで一体になっているのが人間である。これと同じように、相反するものを1つにしたのが実体であるということは前述した通りであるが、この相反するものが1つになるときをわれわれは〝跳ぶ〟とし、このことをヘラクレイトスは「2つの矛盾しているものが1つになったときが美だ」と言い、西田は「絶対矛盾の自己同一」と言った。

禅は1つの提案を考え続けているうちに、日常の世界を離れ、その人の非日常の世界に入っていくにつれて、この2つが1つになった世界から答えを見つけることをめざしている。現れている日常の世界と隠れている非日常の世界が1つになったときに現れるのが、その人の本当の世界だ。

おそらく、ブッダは、何日間も生死をさまようような座禅をしながら非日常の世界に入り、その世界と日常の世界を1つにして、空の世界に行きつき、死後の世界が本物の世界で、現在は仮の世界だとした。

日常の世界を私とすると、非日常の世界は隠れている私で、この2つを1つにした世界が、その人またはその集団の〝公〟の場所の世界だ。

集団で跳んで世界に入ることは、モノを中心とした20世紀の世界では必要なかったのかもしれない。モノと隠れているコトの世界の両方を合わせた場所で要求されるものが、新しい製品である。そして場所で要求されるモノは時代とともに変わっていき、その時代時代のすみわけ製品が開発されていく。これが21世紀のイノベーティブな企業の姿だ。

②グループで跳んで現れる共感の世界

非日常の世界と日常の世界を考えてみると、日常の世界は自分の現れている枠の中で起きている世界であることが分かる。ここで起きている課題を解決しようとすると、現在までの思考の枠、現在までの行動の枠の中で対応を考えることになる。この範囲で答えが見つかって解決できればいいが、解決できない場合は、堂々巡りで正解に行き当たらない。適当なところで決める人はいいが、まじめな人は考え続けているうちに精神が病むことになってしまう。そのときは、この状態からはずれないといけない。それには座禅か気功が有効だ。座禅や気功に集中していると、だんだんと日常の世界は消えて、非日常の世界にポッと入っている自分自身に気づく。自分が生まれてから現在までの世界に入っていることであり、この2つの世界の中から答えが浮かんでくる。

人には、表の現実の世界と、その奥に隠れている世界があるように、グループにもそれがある。そして、一人で跳ぶことと同じように、グループにでもこれは起きる。これは、グループの現在の場所で起きていることの次に何が起きるかの手掛かりになる。そして〝すみわけ〟の世界に入る一歩になっていく。このときのグループは日本型共同体社会になっていることが絶対条件だ。そして、メンバー全員が非日常の世界に入る体験をしていて、これと日常の世界を1つにした場所から答えが浮かんでくる。これは管理型社会では絶対に起きない。心の世界などは最初からあてにしていないからだ。

しかし、ここで大切なことがある。それはこの2つの合わさった世界の先に、その集団の将来の姿があるということで、10年先、20年先、30年先について考えるきっかけになることである。日常の世界で議論をしている場合、どうしても相手の議論の欠点に目がいってしまうが、そこからは何も発展的な考えは出てこない。相手も同じことに目が向き、正解には行きつかない。これは、ディベートの世界に入ることで、「合意」からはどんどん遠くなっていく。しかし、いったん、自分の深くて広い非日常の世界と日常の世界を1つにすると、そこから出てくる深く広い情報で、相手の考えとの接点が見つかってくる。当然、相手のプロセスからの情報の提供もあり、二人の合わさった深く広い世界から考えが出てくるようになる。これに到達するために〝跳ぶ〟プロセスが必要になる。

日常性を突き詰めていくと、その奥にある非日常の世界にポッと入り、この2つから〝私〟が消えて無意識に〝公〟の世界に入り、新しい場所にいることに気がつく。このとき、メンバーの直観はグループの1つの共感に昇華する（第5部参照）。

おそらく縄文人が〝ことば〟の世界とことばの奥にある〝心〟の世界の2つで合意を得たということは、すでに縄文人はグループで自分の世界から非日常の世界に入ることを経験し、この2つの合わさった世界を見つけていたのではないだろうか。この経験がないと3000キロに及ぶ日本列島の住民が1つの文化、1つの言語、1つのDNAを持つという事実は現れないだろう。もしこれがなければ、ヨーロッパのようにいくつもの国に分かれて、争いの世界になっていっただろう。そしてこの世界から1万年前に耐震構造の木造建築物をつくったのだろう。ここから想像しても、日本の縄文時代は相当レベルが高い時代だったということが言える。

共同体が跳びやすい状態になるように段取りをすることが、共同体のリーダーの大事な機能である。さもなければ、20世紀で完成された価格競争の社会に埋もれていくことになる。20世紀をいかに深掘りしても21世紀は出てこない。日常の世界でいかに議論しても、跳んだ後の世界には到達しない。21世紀は、跳んだ後にしか出現しない20世紀とは断絶した不連続の世界だ。この新しい世界を実現していくことによって、社会から新しいニーズを発見し、また〝跳ぶ〟ことになる。これを繰り返すことによって、共同体は環境の変化を追いかけながら、個人も共同体も成長していく。

一方、個人で日常の世界と非日常の世界を1つにすることにより、日本の身体知は〝道〟になる。これはこの2つを1つにした世界から、現在の現れているわざの奥にある隠れているわざが出てくるからで、武道、芸道だけでなく、日本のモノづくりですみわけの世界に入っている匠も同じことが起きている。これには、どうしても経験が必要になるので、自然と高齢者になってしまうが、匠の世界は、実はこれを長年続けている自己実現の世界でもある。長く続けていることによって、結果として、心身の健康状態を保つことになり、必然的に長寿になってしまう。その意味では、日本は高齢社会に向いた社会であると言える。21世紀は〝跳ぶ〟ことが不可欠な時代になってきたと思われる。

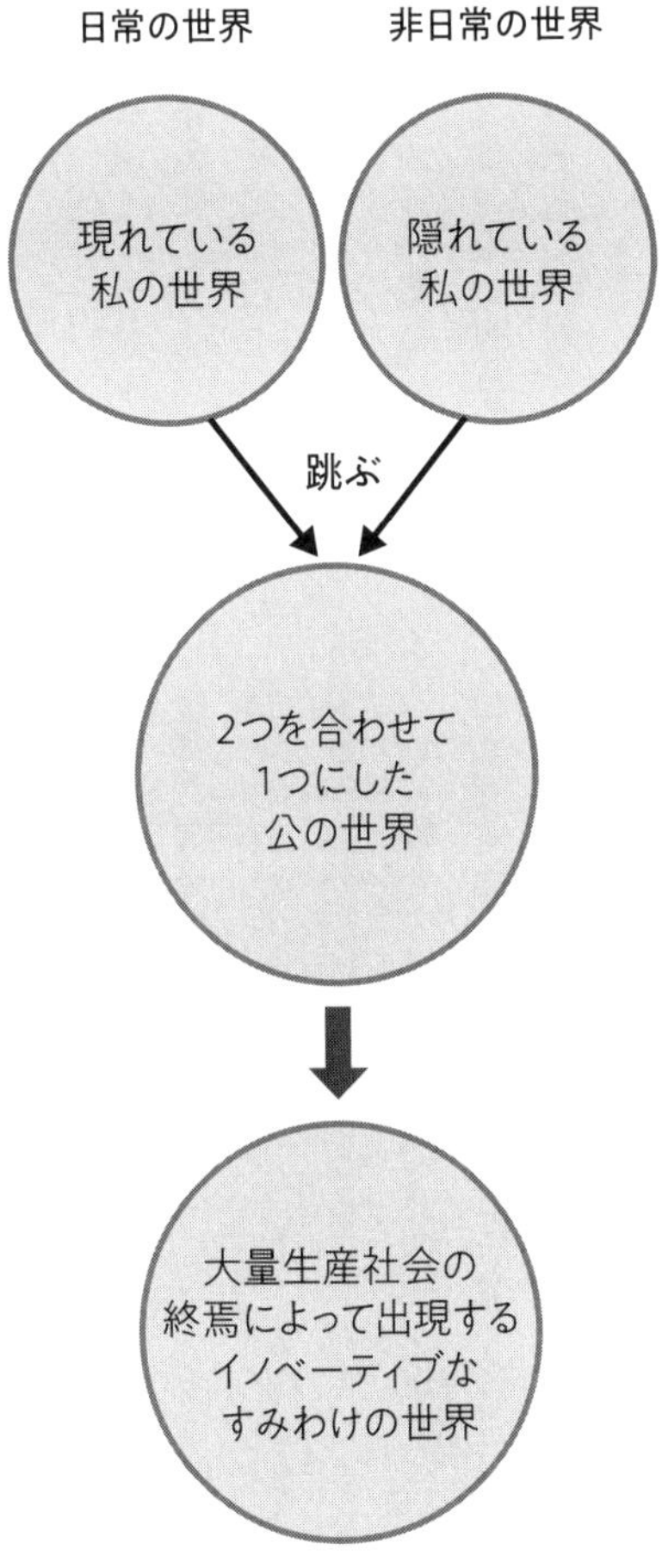

③グローバル市場は論理で生まれるが、ローカル市場は直観で生まれる

縄文のときは、環境と一体化して生き続けるために、結果的に〝公化した私〟を追いかけてすみわけの世界をつくっていった。しかし、生き続けるためにモノを追いかけた世界では、〝公化した私〟は消えて、完全に〝私〟だけになり、大量生産時代が出現した。今、グローバルの時代からローカル時代に入って、もう一度〝公化した私〟をどうやって取り戻すかが課題になってきた。そのため、まずローカル市場をどう見るかが問題になってくる。今対応しようとしているそれぞれのローカル市場は、世界に2つとない市場だ。この市場でグループが生きていくということは、この2つとない世界に自分たちを合わせて2つとない生き方を見つけていかなくてはならない。これは個人の直観をグループの共感にしてつかむしかない。

すなわち、個人の直観は全体の一部でしかない。そうすると、ローカル市場で生きていこうとする集団は、各人の直観を合成しないと全体像はつかめない。各人の私を消し、各人の直観を共感にして現れてくる集団の世界は、明らかに個の意見を単に寄せ集めたものではなく、その人が今までの人生で経験したことや体験したことのすべての中から出てくるもので、各人の世界との深い対話を通じて初めて言葉の奥の世界を理解し合い、共感の世界に達することができる。言葉の表の世界からスタートして、お互いの言葉が生まれてくる奥の世界に行きついたとき、二人の共同体の共感の世界が出現し、仏教でいう「悟りの世界」に集団で達したと言える。

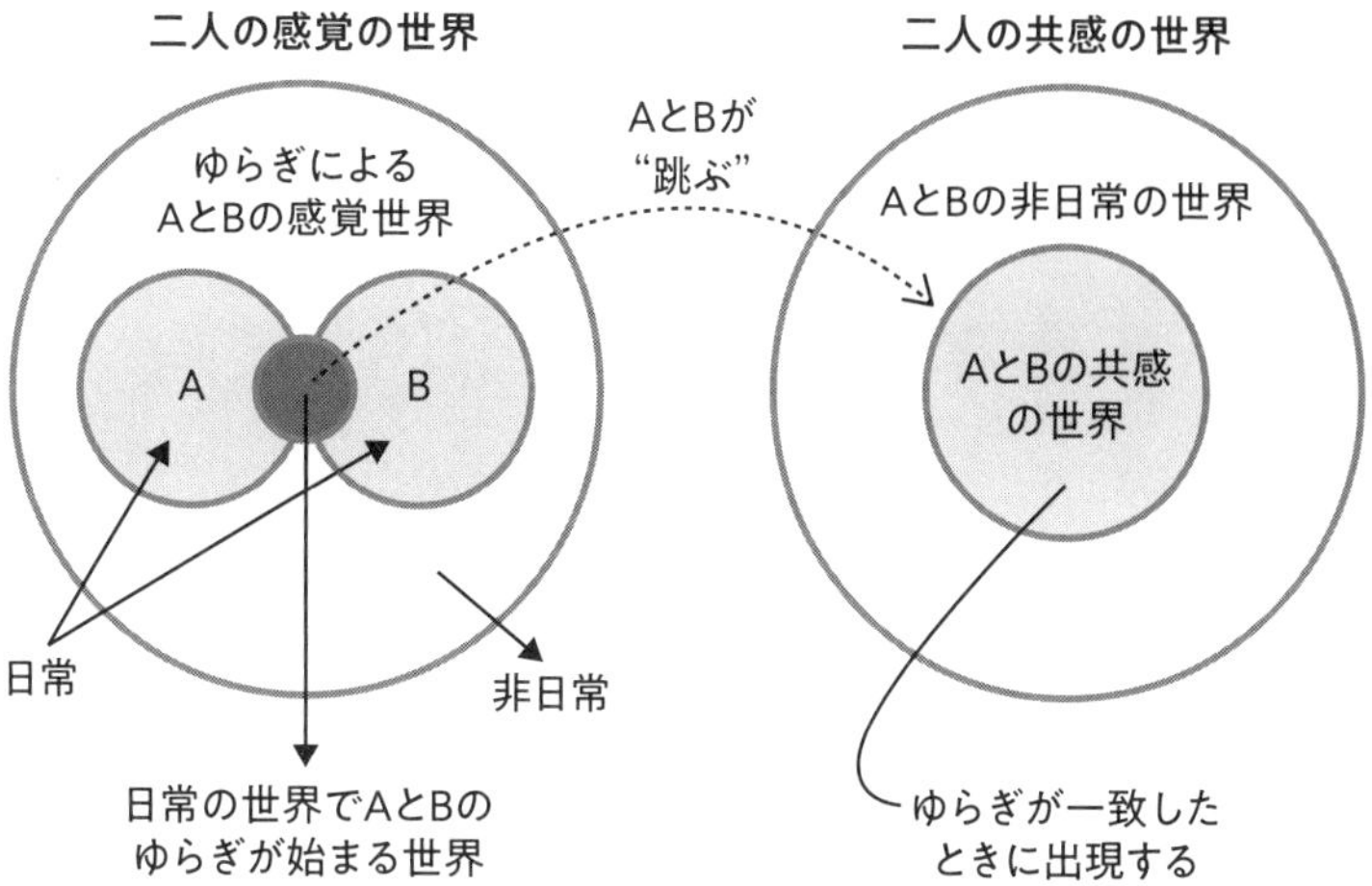

これは、明らかに「単純系の全部の世界」ではなく「複雑系の全体の世界」で、〝公〟の世界だ。

例えば、Aがある事柄について感じたことをBにしゃべる。Bもそれについて感じたことをAにしゃべる。そのとき、言葉だけで合意をつくろうとすると、ディベートとレトリックによる「説得システム」になる。しかし、AとBの言語の世界の外側に大きく広がっている感覚の世界から出てくる言葉をつなげていって合意したものは、二人の「納得システム」になる。共同体は「納得システム」でないと、すみわけまで進展しない。

しかし、自然環境は二度と同じことは起きない。これに対応する方針も2つとない方法でしかない。今西錦司の言葉を借りるまでもなく、この実験は古今東西を通じて1回しかできない。そして、失敗を組み込んで行う新しい実験も1回きりだ。この結果、2つとない環境に対応していくと、2つとない集団ができあがってくるのだ。そして、ここから出てくる製品は他の集団から出てこない、すみわけの製品になる。人間はこの失敗を通じて、常に変化している場所に対する対応の仕方を学んでいく。

この場合、個々人の直観した世界をそれぞれ深く掘り下げていくと、共通の場が現れるのだが、この直観した場が共感した場に到達するのには〝私〟を捨てて、相手の世界に入っていかないといけない。このためには、自分の直観を通じて、相手の直観の世界に入っていかなければならない。相手のほうでも同じことが起きていないといけない。すなわち、双方とも〝私〟を離れて、相手の世界に入っていかなければならないのだが、このときに現れてくる新しい世界が二人で見つけた〝共感〟の世界だ。そして、これが〝公〟の世界だ。

一度、AとBが共感の世界に入ると、まったく新しい心の世界に入ることになり、これを〝志〟と表現する。次に、共同体全員の間でも同じことが起き、個人の〝志〟と共同体の〝志〟が一致して21世紀の生き方になっていき、共同体の進化につながっていく。

第13章

21世紀の世界に入るために

①言葉は共感のツールか争いのツールか

共同体の中にいる個人が自然と身につけるエシックスは、共同体の〝公〟を表現し、これが個人の成長を促して共同体そのものを進歩させる。日本の社会は21世紀に入って、この傾向をより強めている。この場合、共同体の中にいる各人が取る態度は、同じ共同体の感覚の世界から出てくる。各人がそれぞれの言葉で表現しても、根が同じ共同体なので、話し合いを通して感覚が伝わって共感が生まれる。

これが共同体の新しい世界で、これにより共同体は進歩し続けていく。言葉は個人の感覚を表現して伝える道具のほんの一部である。「神がつくった言葉が最初にある」という世界の言葉で全部を表現しようとすると、感覚の世界から離れざるを得なくなり、言葉のレトリックのみの議論になる。これでは〝感覚の世界〟の合意は生まれない。しかし、感覚の世界は言語で100%表現されない。言葉だけで合意を達成しようとすると、ディベートにならざるを得ない。結果として、暴力で殺し合うことになってしまう。

一方、言語のバックにある〝感覚の世界〟を表す道具の1つとして言語があると考える世界では、話し合っているうちに、言語の奥にある感覚の世界を双方が理解したとき、合意になると同時に、二者それぞれの感覚の世界とは別の新しい共感の世界に飛び込むことになる。これが、二者別々の直観を1つの共感の世界にするということだ。これが21世紀の世界だ。二者のそれぞれ別の世界は20世紀の世界であって、これをどうひねくり返しても21世紀には入れない。

日本の政治と欧米の政治を見ていると、このことをつくづく感じる。「言語明瞭、意味不明瞭」という迷言を吐いた政治家がいたが、これは欧米の社会では理解できないだろう。日本人はニヤリとしながら「うまいことを言ったもんだ」と思う。言葉のほかに、手ぶり、身ぶり、表情がもっと大事で、これを通じてその人の心の世界に入っていく。もともと、言葉はヒトの心を表すほんの一部だった。「初めに言葉ありき」という世界とはだいぶかけ離れているだろう。しかし、言葉が中心の社会になって、感覚よりも論理が優先され、感覚による交流は支流に追いやられてしまった。論理を生み出すための道具としての感覚か、感覚を表現するための道具としての論理か、という違いである。この問答が終焉を迎えるようになったのが21世紀で、もう一度、モノより心が、論理知より感覚知が情報力を決定する時代に突然なった。果たして、人類はこの何千年に一度の大変化に対応できるのだろうか。

60歳になって管理型社会で定年を迎えた人を街でよく見かけるようになったが、一見してこれらの人は20世紀で終わった人工環境（論理とシステムの管理型社会）では優等生だったのだろうが、心を伝え合った経験がないため、果たして21世紀に対応する生き方に変えることはできるのだろうかと心配になる。人工環境での最大の欠点は、共同体力を落としてしまったことにある。

21世紀の高齢者問題の本質はここにある。これらの人々をどのようにして共同体のメンバーの一員にするかであるが、生き物は単独では生きられないことから、もう一度、共感の世界を取り戻さなければいけない。そのためには、各人は人工環境の管理型社会で生きてきた自分を捨てて、共同体型にならなくてはいけない。本来、生き物は自然な生き方をしているとき、生物として進歩していくのだが、管理型のように自然な生き方をストップさせられた生物は本来持っている進歩する力も止められていることになる。これだけでも不自然な生物らしくない生物になっていく。

しかし、本来の日本人に戻れば、これもそんなに難しいことではないだろう。なぜなら日本人なら日本文化を通して、言葉を争いのツールから共感のツールに変え、共感の世界に入ることができるはずだからである。

②日常の世界から非日常の世界へ、相対から〝空〟へ

人間は歳を重ねることによって、経験したことが多くなり、人との交流を通じて新しい考え方や社会の見方などの知恵が増えてくる。これは、個人の日常の世界と非日常の世界の大きさ、広がりによって生まれる。そして、歳とともに増えて、人生に対する見方が変化していく。共同体の中における直観と共感の質についても同じことが言えるだろう。それは、共同体のすみわけの世界を深め、共同体の文化を進めていくことになる。

若年層と中年層（動）は、高齢層（静）よりも現象面を中心に考えて行動するので、現象面に限定された中で自分を発見することになる。これはまだ高齢層（静）に比べて経験が少なく、非日常の世界が静に比べて小さいので当然のことだろう。その場合、自己発見は浅いけれど、表の世界の発見は多くなり、これを通じてだんだん隠れている世界に近づいていくことになる。静になるにしたがって自己発見が深くなるということは、実は、静になるにしたがって自我が少なくなるということに関係している。この私から公に行くにつれて、有から無の世界に近づくことになる。これを突き詰めていくと、生に対して死に近づく。私対公、有対無、生対死は相対世界の話だ。この中間に相対世界を超えた、新しい世界があることに気づく。これは、仏教でいう〝空〟の世界で、これが跳んだ後に現れる世界だ。西田幾多郎はこの世界を「絶対矛盾の自己同一」と言い、ギリシャ人のヘラクレイトスは約２５００年前、「２つの相反するものが１つになるのが

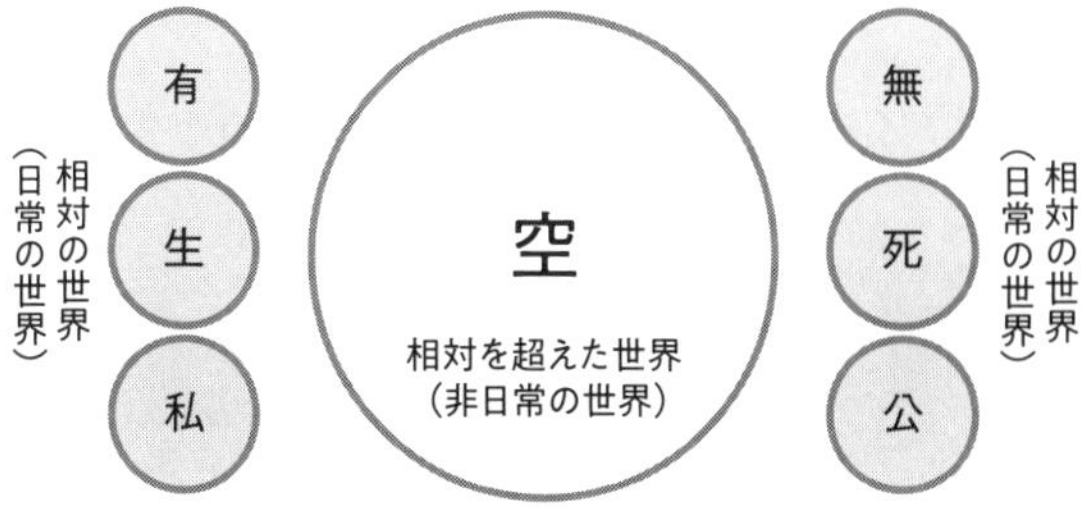

“空”とは中間体に相対を超えた新しい世界

“空”=“場所”=非日常

「絶対矛盾の自己同一」（西田幾多郎）

“モノ”の世界、ディベートの世界では有か無か、生か死かで議論が続く。これには正解はない。ここを離れないと正解はない。
しかし、これはディベートでは現れない。2つを1つにしないと現れない世界で、仏教では“空”、西田幾多郎は「絶対矛盾の自己同一」と言った。

美だ」と言った。そして、この世界で、自分の身体で受けた情報を自分の脳で判断する前の状態を西田哲学では「行為的直観」と称し、これを自分で考えて判断し、言葉にしたものを〝主観〟とした。この二人の主観が1つになったとき、二人の共感の世界に入る。

ところで、インド人が発見した〝空〟という世界は、インドの風土と文化から出てきたものだろう。数字の0（ゼロ）もインドの文化が見つけた。インド人の場所の特殊さがあるのだろう。

21世紀になって、20世紀までの科学・技術の世界のほかに哲学が必要になったといわれるゆえんで、20世紀までの現れている世界と隠れている世界の2つを1つにした世界の空の場所が、これからの新しい、生きていく場所になったということである。すなわち、現れている日常の世界と非日常の世界を1つにした世界にグループの将来の姿があり、これをつくるのが21世紀の計画である。

③生きるか死ぬかの21世紀の計画

しかし、感覚の世界を伝え合って、共同体が共感の世界に入り、新しい場所に入って新しいニーズに出会ったとき、当然、これを実現しようとするはずである。モノの世界を実現するための計画には、論理、科学、技術が必要だが、感覚の世界を実現するためには、心、文化、哲学が必要になってくる。このときに〝志〟が生まれる。志をどのように表現して、どのように実現していくかは、20世紀までは問題にされてこなかったが、21世紀からはこれが最大の問題になってくる。ここから21世紀の生き方の方向が決まり、21世紀用の計画づくり〝企計〟が出てくるからである。

20世紀までは、モノを対象にした計画だったので、モノで表現できたが、21世紀からは質という感覚の世界に入ってきたので、20世紀までの計画はほとんど役に立たなくなってしまった。21世紀に入っても、20世紀のモノを対象にした計画を実行しているところは、21世紀のコトの新しい世界からはどんどん遠のいて悲惨な状況になることは間違いない。

そのためには、各人が今まで経験したことのない21世紀をどのように生き続けていくかという個人の直観が出てくる志の世界を、共同体の共感の世界にして、その志を表現しなければならない。それは、その共同体がめざしている「ありたい姿」を言語化していくということだ。こうなると、20世紀型のコンサルタントは機能しなくなる。

一方、人間の生き方を示すものとして家訓や社訓というものがあり、精神世界を主としたものだったが、21世紀からは、それぞれの現実の生活の場から出てくる、その集団にしかない死を避けるためにどのような生き方をするべきかという現場の具体的な方法について、それぞれの場を対象として示すことが必要になってきた。言い方を換えると、いかに生きるかでなく、いかに死なないかの問題になってきたということである。

2つとない場には、2つとない生き方がある。すなわち、生き方は1つしかなく、これをグループ全体で言語にして、具体的に表現する必要性が21世紀になって要求される時代になってきた。

21世紀の企計を考える場合、まず必要なのは、われわれ共同体が生かされている場とは何かということだ。このためには、場の歴史が必要になる。場はどのようにして成立してきたかということである。われわれのグループが生かされている場の特長は何か。2つとない場で、グループ全員で生き続けようと努力していると、すみわけの世界が見えてくる。そして、その延長線上に場の将来の姿がある。すなわち、時間軸に沿って考える場だ。

次に、グループが生かされてきた環境の中で、どのように生き延びてきたかというグループの環境対応を整理する必要がある。この議論も、グループ全員が参加して、直観を共感にする必要がある。すなわち、空間軸に沿って考える場だ。そして、この2つの場が重なっているところが、われわれが生き生かされている場である。

これができると、個人個人の志と共同体の志は一致する。言い換えると、これは個人の戦略と共同体の戦略が一致していることを意味し、個人の行動と共同体の行動のギャップがなくなるので、管理型社会のように細かいルールや日々の段取り会議なども不要になり、立ち話や打ち合わせくらいで、ゆらぎを通して行動はぴったりと一致していく。しかも、もっと大事なことは、このように共同体のすみわけが進んでいくにつれて、現在の環境の表面だけでなく、奥の深いニーズや変化にまで気がつくようになり、空間軸としての環境の進化はどんどん進んでいく。そして、同じことが時間軸でも起きていく。

自分が所属している共同体と市場が一体化したときに、すみわけの世界が実現する。これは公の世界である。ここでは市場と自分が無競争関係にある。むしろ、共につくる関係である。企業と市場が競争関係になっていると、すみわけではなく、勝負か争いの世界になる。公に対して、私の世界である無競争社会ではなく、競争社会であり、これはすでに20世紀で終わった。21世紀ではこれは間違いなく死滅の世界に向かうだろう。

第5部

“跳ぶ”について

第14章 〝跳ぶ〟10の要諦――マエカワはなぜ跳ぶのか

①前川製作所が〝跳ぶ〟に行きつくまで

前川製作所は、20世紀の激しい企業間の競争社会に身を置きながら、他社との競争で得るものは何なのかと自問自答を始めた。確かに競争社会は勝てば受注をもたらし、それに伴って新しい開発もなされ、新しい製品も売れるかもしれない。しかし、よく考えてみると、それは自分が勝つためであって、本当に社会や市場が要求しているものなのだろうかと考えると、「YES」とは決して言えるものではない。そこで、本当に市場の要求するものは何かについて追求していくと、先方の要求しているものの奥にあるところに行き当たることになり、そこをさらに進めてみると、もっと深いニーズがありそうだということに気がついた。これを先方に話してみると、「そういう可能性があるなら、ぜひ実現したい」とのことだった。しかし、これは、表面上見えるものと違い、実体をつかみ出すのに、社内の設計、製造、サービス、工事、営業メンバーは言うまでもなく、顧客の技術メンバーなど関係するあらゆる人たちを動員して対応しないといけないことがはっきりしてきた。

ここから先は、技術者の技術の問題に入る前に、相互の社員が感じている感覚の問題になってくる。

関係する各人が現場での専門分野から見えるもの、心で感じたものを表現し、これを全部集めて見ると、実像が浮かび上がってくる。これが対応すべき対象である。それとは反対に、各人の指摘する1つ1つの技術的な問題点を解決したらOKというわけにはいかない。それは、技術的には「全部」になるが、感覚情報を加えないと、市場という場所が要求する「全体」にはならないからだ。これが新しい課題だと言える。

他人の感覚情報を自分の内に入れながら、技術情報と感覚情報の2つを1つに合成していく。これによって、2つの別々の世界の奥にある共通している部分に行きつくことになり、部分情報の奥にある全体情報の世界に行きつく。ここからどういう開発が要求されるか、いくつか推測でき、これを市場と打ち合わせてみると、本物が出てくる。

これが「全部」と「全体情報」の差になってくる。空間的な情報と時間的な情報から生まれる

〝場所〟情報が、モノ的な情報からコト的な情報に、技術的な情報から文化的な情報になっていく。ここまでくると、場所の中のモノづくりは、20世紀とは別の情報世界におけるモノづくりというまったく新しい世界に入ることになる。そして、技術情報とは別の情報世界から政治、行政、教育も含めたまったく新しい世界の情報も必要になってくる。

モノは市場に行き渡り、20世紀までの大量生産型産業は行き詰まった、ということは、まったく新しい世界に入らざるを得なくなったということである。この新しい世界のモノづくりは、20世紀までの品質、価格、納期を中心とした大量生産のモノづくりとは別物で、20世紀までの情報システムは役に立たなくなったことを意味する。すなわち、複雑系の世界に入ったということだ。

日本の製造業は、1970年のオイルショック以後30年かけて、大量生産型から個別生産型へ切り替えていった。これを世間では「停滞の30年」と言っているが、実は、現場では血を入れ替えるような苦労をしながら体質を変えていったのだ。この結果、何万、何十万の企業が倒産したことだろうか。それは、中進国の安い大量生産品に勝てなかった結果である。しかし、ここで自分のすみわけの世界を見つけた企業は大きく伸びていった。これからは、大量生産用のイノベーションではなく、すみわけ型のイノベーションで人、モノ、カネの関係も180度変化していく。

これこそ、20世紀の場所から21世紀の場所へ入り、日本の製造業は新しい世界を見つけることになった。そして、それぞれで発生するニーズは、それぞれの国の文化から出てくるという、今までにない世界に入ったことを意味する。

円高やオイルショック当時も、危機に対して製造業に補助金はあったが、最近とはレベルが違うくらい額が少なかった。そのため、製造業は必死になって自社の新しい世界を見つけ、新しい企業体質になっていった。それが21世紀型のイノベーティブな企業の誕生になっていく。これに対して今回の危機は、現況のまま生き残らせるような補助金になっている。これからもこのような危機は何回も起こるだろう。こうした危機は新しい場所での生き方を見つけるチャンスなのだが、今回行った補助金はそれまでと違って、そうなっていない。

これらの危機を乗り越えて新しい世界に入るためには、各人は個や我を離れて他人の意見を聞き、自分の感覚の世界と他人のそれを合わせなくてはならない。我を捨てて無にならないと実現しない。そうして、これを関係者全員でやったときに、全員の共感の世界に入ることになる。これは、座禅の「悟り」に近いものだが、大事なことは一人で悟ればいいというものではなく、21世紀のモノづくりは関係者全員でやらなくてはならない。

その中でも、20世紀までと違って、研究室がリードするイノベーションの時代は終わり、研究者が地域の現場のメンバーと一体になってニーズをつかまないと、イノベーションはスタートしない時代になった。そして、これは前述したように、実験できない1回限りのものだ。

いったん新しい場所に入ると、この実現は20世紀までの技術で問題なく行える。しかし、一体全体、自分たちは何をやりたいのか、何をめざそうとしているのか、この実像が結べない限り、21世紀のモノづくりはスタートしない。その代わり、成功するまで何回失敗してもいい。というよりも、失敗を通じてでないと、新しい世界は見つからない。このためには関係者全員が1つになる必要がある。前述したように、21世紀からのイノベーションは、技能者と技術者と科学者が一体になっていないと起きない世界だ。このレベルの一体とは、感覚知のレベルの一体のことで、これは共同体でないと出現しない。ここで論理知主導型の社会は、21世紀型のイノベーションの世界とは無縁のものになってしまうことになる。そして、感覚知のレベル、直観のレベルで一致するということは、この章で述べていくように、日常と非日常を1つにした場所へ、関係者で〝跳ぶ〟ことが不可欠になってくる。

いよいよ〝跳ぶ〟ということの説明に入るのだが、これは完全に感覚の世界であるため、文章で伝えることは非常に難しい。しかし、今までのわれわれの失敗と経験を通じて考えたこと、感じたこと、行ったことを含めて、以下に〝跳ぶ〟についての10の要諦としてまとめてみた。

1 生の情報を大切にしているか

全部と全体

現場の生《ナマ》の情報は人の五感に入ってくる。手か耳か鼻か口か目かのいずれかに入ってくる。そのように五感を通じて生の情報が入ってくるのだが、入ってきた情報を直観でとらえ、それをそのまま正確に人に伝えられるかが問題になる。その場合、どうしても加工が入ってしまう。そこに自分の〝我〟というものが出てくる。できるだけ加工を入れずに伝えることが一番重要な点だ。何と言っても、生の情報を伝えることがすべての入り口だから、ここが少しでも狂うと、全部が狂ってくる。どこまで生の情報を生のまま伝えることができるか。しかし、感じていることを感じているままに相手にしゃべることは難しい。加工が入る前の、その人の直観の情報の世界というのは、前述した言葉の奥にある心の世界と同じようなものだと思う。〝我〟を捨てた、または〝我〟が入る前の状態と言える。

このとき、大前提となる絶対条件が1つある。加工する部分が入るのはどうしようもないのだが、全力で生の情報を相手に伝えようと思う心だ。一方、相手も相手方の気持ちを理解して、彼の生情報を聞き取ろうとする態度も必要だ。これは、2人が共同体的な関係に入っていると必ず起きることだ。

この生情報のことを西田哲学では「純粋経験」と言っている。例えば、コップを見たとき、「これは昨夜ビールを飲んだコップだ」と判断したら、それは加工された情報でしかない。この判断が生じる前の実体を見たときに生じた直観情報を伝えるしかない。この純粋経験、すなわち、生情報を相手に伝えようとして、こちらがしゃべると、相手からどんどん質問が出てくる。それに応えて、こちらからも質問を返す。相互に答え合いながら次第に共通のイメージが形成されて、共通の世界観に入る。

これは「生」「五感」「我」「無」「公」「ゆらぎ」というようなことが次々に出てきて、論理よりも感覚、科学より文化、技術より技能といった生身の人間臭い世界に入っていくときに起きる。

ここで大切なのは、〝我〟の加工が入るのは仕方ないにしても、どこまで生の情報を大切にして、見たまま、感じたままを我を通じて伝えようとするか、それにはどうしたらよいか、である。まず質問をすることだ。例えば、ある1つの課題について設計と営業のメンバーが会議をしていたとする。設計メンバーは、自分の感じたことを言葉で伝えようとすると、どうしても自分の我が入ってくる。営業メンバーが聞くと、今度は自分の感覚にフィットする部分としない部分が出てくる。そこで、設計メンバーの話を聞きながら、フィットしない部分について次々に質問していくと、だんだんと設計メンバーの我の部分が消えて生の部分が現れてくる。相手方も同じプロセスを経て、生の情報に行きつく。そうして2つの部分情報は合体して「全体情報」になっていく。

このとき大事なことは、フィットしない相手の情報は、自分には気がつかない隠れた実体の一部だとして、まず自分の内に入れることだ。これが我を消して聞くということである。ここで相手とディベートに入っていったら、いくら時間をかけても「全体情報」にはならない。

欧米のモノづくりが、21世紀型になれない決定的な原因はここにある。20世紀までの科学技術の問題では、一人の天才が10人の凡才よりも優れた解決案を出すだろう。しかし、人間の問題、文化の問題はこれとは反対のことが起きる。

ゆらぎ

前述の直観を共感にする場合でも、初めから全部が一致するということはあり得ない。合意のできている部分情報を起点に、我を消して、合意していない部分を相手の立場を理解しながら聞き込み、自分の内に入れようとすると、二人の合意された新しい場所に〝跳ぶ〟ことになる。

その点が20世紀とは違うところだ。関係者の誰もまだ見たことのない世界だが、メンバーはあると確信している。そして、一人ひとりが感じていることは全部の一部であり、相手の感じている一部を伝え合うと、全体像が見えてくると信じて情報交換している。これは共同体でないと起こり得ない。

不思議なのは、なぜ見たこともないのに「ある」と信じられるのかということである。

約250万年前、「この石を加工したら、こういうことができるかもしれない」と感じたことが、類人猿がヒト属になったきっかけだったのと同じで、このときから、見えないものと隠れているものがあると信じる力をヒト属はつけたのだと思う。モノづくりの立場から見ると、このことが類人猿とヒト属が分かれた時期だと思う。

したがって、21世紀型の問題解決は、共同体が成立しているかが入り口になる。生の情報は、もともと〝我〟や〝私〟の情報であるが、この〝我〟や〝私〟を消していくと〝無〟の世界に近づく。この段階で自分の情報と相手方の情報が1つになったとき、空の世界に入る。

これは、ゆらぎから始まる。例えば、設計と営業が同じ実像の一部分ずつを見て、二人で実体に迫ろうとしていると、相手方の質問に対して、自分の答えは「あれか、これか」とゆらぎを通して答えを出していくことになるが、この幅が自分の世界を広げていくことにもなる。生物は常にゆらぎながら生きている。生物としての人間は、ある課題に対応するときに悩み、ゆらぎながら跳んで決定に近づく。

これは、会社でも国家でも同じだ。細胞レベルでもこれと同じことが起きている。ゆらぎがなくなってしまえば、エントロピー増大の法則によって死に至る。この深度の深さに伴ってゆらぎが大きくなり、二人の合意がさらに深いところでピタッと一致したところで、〝跳ぶ〟という現象が起きる。すなわち、このプロセスを経て、新しい場所を発見することになる。これが非日常の〝空〟の世界だ。

一度、この経験をすると、情報はさらによく伝わるようになる。実際、われわれは現場の大小にかかわらず、日常的に他人の世界と自分の世界が1つになっていくことを何度も経験している。それができてくるから、共同体は成熟し発達していく。

〝我〟をなくす

「我を取る」「我をなくす」という話になると、ヨーロッパではなかなか伝わらない。欧米では個から見た世界を中心に生きてきた。その中で一部の個が住みやすいように、それぞれの学術、技術、行政、政治を発展させ、自然を征服対象として人工的な世界をつくってきた。一方、日本では、自然といかに一体になって生き続けるかを中心に、全員で環境の変化に対応し、欧米とは反対の方向で生き延びてきた。

日本では縄文時代からこの生き方を何万年もかけて育ててきた。明治になって、日本は欧米型の生き方を取り入れながら日本古来の生き方を進歩させてきた。

もとより生物は、環境と一体となって生きてきた。約2500年前、ヘラクレイトスは「2つの相矛盾しているものが調和したときが美である」と言った。実際、生きていくということはそういうことであり、奈良の仏教、出雲の神道が一体化した世界などはその好例だろう。一方、ヘラクレイトス以後、相矛盾している2つのうち理論的に解明できるもののみが学問・哲学となり、プラトン以降になると、理論面だけを中心にした社会、すなわち、ディベート社会をつくってきたが、これは20世紀で終わった。

日本では、調和型社会の上に欧米型社会が入ってきて混乱した時代もあったが、これも21世紀になって、もう一度2つを合成した新しい調和型社会をつくっていく。日本社会の特殊性は、この調和型社会にあると思う。世界も最近になってこれを認めてきている。西田哲学はこの調和型社会を対象にしている。

〝場所〟も〝跳ぶ〟という考えも、日本の文化から生じている。縄文以前からの日本とヨーロッパとの決定的な違いは自然の豊かさにある。ヨーロッパは大昔から食えなかった。冬は日が照らない。夏は日本に比べて雨がものすごく少ない。それに比べて日本の自然は豊かで、争わなくても食えたのだ。本来、大和と出雲、この2つの異文化の合流は、日本以外の国では難しいだろう。しかし、日本史ではこのようなことが何回も起きている。こんなことができたのは、日本の自然の豊かさと生活の豊かさと、それから生じる人の優しさがあったからである。

ヨーロッパ人にとって、「我を取る」「我をなくす」ということはそもそも考えられない。それは征服されることを意味するからだ。しかし日本では、よりよい生き方を関係者全員でつくっていくことを意味する。日本人は通常、茶道、武道、芸道など自己の「鍛錬」「修業」「訓練」によって〝我〟の扱い方を普段から鍛えている。とはいえ、〝我〟の実体究明と〝跳ぶ〟作法に関しては、まだまだこれからの課題である。

無我が分からない限り、所詮、場所は分からない。場所は深度の深い世界観である。場所は、西田哲学の中心的な考えの中の1つで、西田の本を読んでも非常に難解であり、完全に理解するのは難しい。西田は、場所を相矛盾したものが成立するところとしている。実際、世の中で起きていることはほとんどこれだ。モノづくりの現場では、常に2つの相対立した問題を解かなくてはいけない。このとき、対立する2つを成立させ存続させている場所があることは確かだ。現場では、これに合わせて仕事をやらないと先に進まない。でないと現場がつぶれてしまう。この相矛盾したものを両者とも生かしているのが場所である。これら現場の問題は、すべて場所で起きていることであり、この現場の現象、現実から、われわれは場所を理解しようとしている。すなわち、場所の現れているところと隠れているところが1つになったときだ。実は、日本のモノづくりと欧米のモノづくりの差はここにある。

ヘラクレイトスは「2つの相矛盾しているものが調和したときが美である」と言ったが、一方のみで世界をつくってきたのが欧米社会であり、このため〝私〟を中心にして管理型社会を発展させ、21世紀になってこれが不可能な時代になってしまった。欧米は今後、我をなくすことを日本から学ばなければならないだろう。

2 「無私」になって感覚を共有できるか

直観を伝える難しさ

生の情報、感覚、直観を伝え、そして互いに共有する。これは、単に言葉の意味合いや言葉の内容が互いに分かるというだけではない。それぞれの言葉が出てくるバックにある世界、すなわち、その人そのものを伝えるということである。

しかし、これは大変難しい。感じたことを言葉にするということは、例えば、日本の文化を他人に伝えるということと同じように、実際にやってみると、いかに困難なことかが分かる。感じたことを自分の中で加工して言葉にしてしまうので、他人にはほとんど伝わらないのだ。前述したように、お互いに質問をし合いながら、加工の入る前の相手の感覚の世界に入っていく以外に方法はない。

跳んだ後の世界と跳ぶ前の世界は不連続であるが、同じ場所の中で起きる。これは論理面では説得できない。自分でもどこへ跳んだかは分からない。なぜ跳んだのかも分からない。しかし、人智を超えたまるっきり新しい世界が目前に出現している。これが、〝無〟でも〝有〟でもない〝空〟の世界であろう。〝有〟と〝無〟は現実の世界だが、これを跳んで出現する〝空〟は全然別の世界である。

おそらく自然界で、生き物はこのようなことを通じて生き続けてきたのだろう。これは、自然な生き方で、20世紀までの人工的な生き方とはまったく異なるものである。つまり、自分の場所的情報の中から〝跳ぶ〟ことによって、自分の将来の進むべき道が見えてくる。しかし、これが正しいか正しくないかは、この結果で分かってくる。これで失敗して、今まで生き物は99・9％消滅している。西洋では表に現れている世界から「モノ」「個」「主体」「私」を説明しようとする。この表の世界から近代科学が進化した。確かに近代科学の恩恵は十分に賜わったが、場所に隠されている世界は一向に伝わってこない。これは直観を伝え合わないと出てこない。

集団で〝跳ぶ〟

一人で跳ぶか集団で跳ぶか。座禅は一人で跳ぶ。一人で跳んだときとチームで跳んだときでは、跳んだ後の場所の差が違う。跳ぶ速さにも、跳んだ後の場所の広がりと深さにも影響が出る。一人のゆらぎと複数でのゆらぎの差だ。複数のみんなで跳ぶと、先々のわれわれの場所の将来像が浮かび上がってきやすい。

管理型社会では、おそらくリーダー一人で決めて、これに全員を合わせて行動させるようなルールをつくり、管理型社会が動き出したのだろう。モノ中心の時代はこれで通用したが、コト中心の時代になると通用しない。そして、長寿型企業にはならない20世紀のモノ中心の時代は終わり、コトの時代に入ってきた。こうなると全員で跳ぶしかない。所詮《しょせん》、生き物は個として生き続けられないのだ。チームで知恵を集めて、個の生き方を見つけていく以外にない。生き物の進化もこの軌跡なのかもしれない。

生き物は単独では生きられない。これは草も木も動物も同じで、単独で生き続けることはできない。複数の知恵を集めないと、自然の中で生きていくことは無理だろう。複数のゆらぎを通して場所は出現していくのだろう。そして、このゆらぎを通して知恵の集め方に失敗した生き物は死滅している。環境は常に変化している。この中で生き続けるためには、変化した環境に合わせて、自分たちを変えていかなくてはいけない。これには、集団で新しい場所へ〝跳ぶ〟しかない。

そして、この結果で生死が決まった。

20世紀まで、人間はいかに変化しないで生きるかを人工環境の中で行ってきたが、21世紀からは、それは死を意味するようになった。

新しく跳んだ世界は、前の世界との連続性はあるものの、実体は、前のものとはまったく別物になっている。グループ（チーム）の内部から出てきたもので、場所ごとに完全に違うすみわけ製品（領域・市場）になっているはずである。市場はこのすみわけ性を評価する。そして、結果的に、製品は、前の製品とは似ても似つかないくらい別物になっている。これが跳んだ後の〝場所〟製品の特長である。これは、この場所における唯一の製品、独占製品なのだ。

つまり、〝跳ぶ〟ということは「一人で悟る」というよりも「集団で悟る」ことなのだから、場所が変わるといっても、まるきり異種類の世界に入るのではなくて、同じ場所の中の違った分野に入ったということに気がつく。そして、みんなが一斉にハッとして、「ついに新しい世界に入った！」「やった！」と共感を得るようになるのだ。

3 マルチ型人間のチームが組めるか

マルチ型人間とは

自分の場所の中にあるいくつかの分野の経験を通じて知見を持っているメンバーを「マルチ型人間」と呼ぶ。これは知識と理論が、現場からの知恵で一体になっていて、若年層から中年層になっていくにしたがって日本型共同体社会で自然にできてくる。もともと場所は無数の機能で成立している。共同体に参加した人間は1つの機能を習得したら、自然に次の機能に移っていく。そして場所的な人間になっていく。その活動が深く広くなればなるほど、専門域以外の関係した分野の知識や経験が合成された人間になってくる。このようにマルチ化すればするほど、自分の専門分野のレベルも上がっていき、自分の所属する場所での自己実現につながっていく。「共同体」の中で活動していると、関係してくる多分野に手を染めることになるので、自然とマルチ型人間になっていく。

この段階で技術関係だけでなく、これも自分を知るということになるのだが、共同体の中で仕事をしていると、人を知り、社会を知ることに自然になっていく。その中で個を成長させ、すみわけの完成度を上げていく。そして、このマルチ化した現場人がそのグループのスタッフになっていく。これと反対のことが管理型社会では起きている。

〝志〟と〝公〟

グループは、何を実現して生きていくかという目的を持っている。そして、グループ各人は、これを達成するために何をなすべきかという目標を持って行動する。その活動により、各人は自分の特長が出てくる。全員が各人の目標を頭に入れて行動すると、前述のマルチ化が進み、グループとの一体化によって場所性が進んで〝場所〟と一体になった結果、個人の目標は個人の目的の〝志〟に変化して、〝公〟が実現していき、各人の自己完結も達成されていく。

そうなると、グループの製品は、グループの文化から出たものになり、すみわけ製品になっていく。そして、これは社会を豊かにし、グループの活動はその目的から〝公〟の活動になっていく。この結果、個人の私的活動も公的活動になっていく。この生き方になってこそ、21世紀は豊かになっていく。

日本型共同体の〝志〟を持った個人の活動は自然とマルチ化し、その結果、グループは〝公〟をめざす活動をしていくようになる。

20世紀の管理型社会と21世紀の共同体社会

こうなると、個人に仕事の指示をする人はいらなくなる。というより、その必要がなくなる。

グループの〝公〟としての〝志〟が指示するからだ。そうして、仕事をしながら、グループの他メンバーの動きの情報は、グループ内で無抵抗に流れていく状態になる。ジョブ・ディスクリプション（職務記述書）はこのグループにはない。人事部もない。グループの評価と個人の評価は、グループの志がどのくらい達成されたかという抽象的なものになり、しかも、それを全員が同じように考えている。そして、評価の基準は、全員が自然と同じレベルになっていく。

言い換えれば、全員が志を持つということは、各人が自己実現の目標を持っているということである。同じ文化を持った共同体では自然にこうなってしまう。すなわち、文化がこうさせているのだ。これが、20世紀と21世紀の企業の人間集団の一番大きな差になる。

20世紀には、グループの志というレベルまで問題を深く掘り下げなくて済んだ。この最大の理由は、20世紀の計画の対象物は何と言ってもモノであり、そのためのツールとしての技術や組織だったからだ。静的な技術や理論がつくった人工物を評価の基準にしていたのだ。しかし、前述したように、モノがあふれかえることによってこの時代が終わると、社会の変化、環境の変化など、常に動いているものに対応していかなくては生きられなくなった。

すなわち、20世紀までのモノの時代に対して、これからは正反対に、社会の動的な面と人間共同体を対象にしなければいけなくなった。大量生産とは違って、1つ1つのグループがまったく違う変化の激しい環境を対象にすることになった。20世紀のモノづくりが大量の人工物をつくったとすると、21世紀は共同体の文化をベースに一品一品違ったすみわけ製品をつくることになる。

4 〝私〟を捨てて〝公〟の境地に立てるか

21世紀の〝公〟と〝私〟の世界

生き物が生きていくということは、環境の変化の中に自分を入れて、環境と一体になっていくことである。常に変化している環境に自分を合わせて、自分を変化させ続けることが、生きていくことになる。この場合、個人の〝私〟と環境の〝公〟との関係は、争うことではなく、〝私〟を持ちながら調和して生きていくことであり、争う生き方では成立しない。21世紀になって、このことははっきりしてきた。

人間の中に、私を主張する部分と公の立場に立つ部分の2つがある。この2つは矛盾し、対立しているが、この2つを個人の中で1つにしないといけないと考える社会が日本型共同体社会で、私を主張する部分を中心につくられた社会が管理型社会になる。1つになる社会か、分かれたままの社会かの差である。日本は縄文以来、この2つを1つにして生きてきた。その結果として日本型共同体社会が成立し、現在までいろいろな〝まれびと〟が日本を訪れたが、これらも1つに消化しながら21世紀を迎えている。

公と私が両立していて、しかも、公でもあり私でもあると同時に、公でもなく私でもないというように完全に1つになったとき、新しい時代が出現する。もとより、公という場所の中でしか私は生きられない。すなわち、公という場所の変化を受け入れて私は成長していく。場所をモノの世界とした時代は20世紀で終わった。これからは本物の場所の中で生きていかなくてはならない。縄文以来、日本の共同体社会は一貫してこれをめざしてきた。

争わないで生きる

公で生きようとすれば、前述したように、環境と争うという発想は一切出てこない。争うということは、公の世界から離れていくことになるからである。環境と調和して生きていこうとすると、自分のどこをどう変えたらよいかという、ゆらぎが始まる。自分の私を消していくと、自分のゆらぎに気づく。そうして、環境にもゆらぎがあり、この2つのゆらぎが同調したとき、今いる場（場所）と違った新しい場に〝跳ぶ〟ことになる。

そう考えると、21世紀になってホモ・サピエンスはまったく新しい生き方を開発しなくてはいけなくなったと言えそうだ。ディベートで勝った者がすべてを決めていくというやり方は、21世紀には通用しない。争いのない社会——これがホモ・サピエンスにとって生き残るための大きな関門になってきた。

5 チームの中で「自我」を消せるか

非日常の世界に入る

自分の感覚の世界をできるだけ加工しないで人に伝えられるか。そのときに自我を捨てるのではなく、前述したように、日常の自我を消して非日常の自我で対応することが必要で、この2つを1つにした結果、〝跳ぶ〟という現象が起きるわけだが、ここにたどり着くまでにいくつかのプロセスがある。まず、前述したように、自分の感じた実体をしっかりと自分の中で確認することが大切だ。

しかし、これは思った以上に難しい。前述のコップの例は単純なケースだが、21世紀の中で起きていることはいろいろな要素が絡み合っているため、自分の判断、すなわち、自分の主観が入りやすい。最近、特にやかましく言われているフェイク情報も、一部分は正しく伝えているのかもしれない。しかし、それは全体情報ではないのだろう。つくづく「自分自身を正しく知り、そして正しく伝える」ということの難しさを感じる。有でもなく無でもなく、〝空〟の世界に入ったとき、自我はなくなり、自己の判断が消える。このために、自分の非日常と日常を1つにした世界に入らないといけない。

ゆらぎと非日常の世界

そのときに自我がなくなってはダメで、自我を捨ててしまうのではなく、表の自我を消して隠れていた自我で伝える。それは、自我を主張する、または、その反対の主張をしないという「All or Nothing」の問題ではない。日常の世界と非日常の世界ではなく、有と無の中間にある〝空〟の世界、すなわち跳んだ後の自我の世界のことだ。これを実行しようとすると、当然、「これか、あれか」を考え続け、有と無の世界をゆらぎながら空の世界に行きつく。これは、ゆらぎを通して1つになった世界に行きついたということで、〝空〟の世界に入ったときに現れる。

20世紀のモノ中心社会の情報交流では、このゆれ幅は論理の範囲であった。しかし、21世紀になって感覚情報を伝えることになると、限界がはっきりしている論理の世界を超えることになる。地球の世界から宇宙の世界へ跳んだようなものである。この感覚情報を伝える難しさは、ゆらぎの中から答えを見出すところにあるのだが、これが正否を決めることになる。相手がいて、二人が「これが正解だ」と確信を持てるのが〝跳んだ〟ときだ。考えてみると、生き物は細胞レベルからゆらぎを行いながら、正しい生き方を見つけて生き続けている。そして、共同体は、各人のゆらぎのレベルをいくつもの失敗を通じて上げていきながら、群れとしての生き方のレベルを上げている。

6 感覚知情報がチームに行き交っているか

異なる感覚知情報が1つになるとき

21世紀型の企業が論理知情報だけでなく、感覚知情報も取り交わしているのはなぜか。これは前述したように、20世紀までの論理知情報によって生きてこられた時代は終わり、感覚知情報を加えなければ生き残れない時代に入ったからである。そして、行き交う情報は、技術や論理といった死んだ情報ではなく、現在、〝個〟が生かされている〝場所〟から受けた生きている情報を伝えなくてはならないからだ。

これは、モノのまったく死んだ情報を伝えるのとは違って、別次元の難しさを持っている。一見矛盾している情報、文化的、感覚的情報、すなわち、現場の生きている情報だからである。

これを西田幾多郎は次のように記述している。

「生命は絶対に相反するものの自己同一として成立するものでなくてはならない。ヘラクレイトスの言う如く相反するものから最も美しき調和が生まれるものである。空間的なるものが、即、時間的なるもので、時間的なるものが即空間的というのが、能動的な形相である。生物的生命は機械力でもなければ活力でもない。それは歴史的自然の形成作用でなければならない」

（これを私流に解釈すると、次のようになるだろう。「生命は相反する2つのコトが1つになっているところで成立する。自然現象、社会現象と歴史、伝統、文化というものは常に1つになって現れている。生きているということは、2つの矛盾を1つにしている歴史である」）

生きている現場では、相矛盾した2つの物事が1つに形成され、このような中で生き方を見つけていくことが生きていることを意味し、このとき、現場では時間の一点と空間の一点が一致している、と説いている。難しい言語が並ぶが、何回も読み返すと、西田の意図は伝わってくる。

感覚知情報とは加工する前の情報である。西田はこれを「純粋経験」と言っている。これは、直観と主観が分かれる前の経験のことを指す。これが生情報だ。普通、人の情報には加工が入り、主観にした情報になるが、ここでいう感覚情報は加工度が一番低い生情報のことである。そして21世紀は、チーム全体に、加工度の最も低い生の情報が自由に流れ込んでいるか、ということが問われる。

感覚知情報を説明しようとすると、苦しまぎれに加工を入れた論理知が入ってしまう。しかし、言った本人も、聞いていたチームのメンバーも、すぐに本物ではないと見抜く。そうなると、もう一度、自分の感覚知をとらえ直して、メンバーの質問を聞き直し、最初の自分の感覚知を説明し直そうということになる。このときにベースになるのは、自分の志で、これを軸に情報交換を行っていくと、相手の志に触れていき、2つを1つにした調和した世界に入ることになる。

直観と主観が分かれる前の情報

人間の集団にとって情報は大きく2つあると思う。1つは論理面で、もう1つは感覚面の情報である。このうち1つ目の情報は、前述したグループの金額、数量、品質等の数量をベースにした情報であるので、基本的に20世紀までの全世界が理解できるファクト情報である。しかし、2つ目の情報こそ21世紀的な新しい情報で、これは1つ目の情報とは質が異なっている。すなわち、技術ではなく文化、理論ではなく感覚、どういうモノではなく、どういうコトを実現するのかという視点からの情報であり、同じ課題は2つとなく、したがって同じ答えも2つとない、その場所だけで理解できる情報である。

しかし、これこそ生き物が環境の変化の中で生き続けていくとき、必ず直面し、避けては通れない問題である。そして、〝跳ぶ〟という現象は、ここで必ず出現する。

感覚知情報が行き交っていない状態の共同体とは、どのような「共同体」か。それは単なる集まりの集団か、おそらく管理型社会だろう。人のためでなく、モノのための組織で、生き物のための組織ではない。ここからは「相反するものから最も美しき調和が生まれる」などということは起こり得ないし、その必要もない。意識がこの状態から離れて、前述の〝空〟の世界になったときに、現在の場所から急にまったく新しい場所に〝跳ぶ〟ことになる。

西田は自分の主観が生まれる前の直観の状態を次のように記述している。

「我々は少しの思想も交えず、主客未分の状態に注意を転じて行くことができるのである」

主客未分とは、直観と主観が分かれる以前のことを言っている。感じたままで、言葉になる前の状態のことだ。これは、われわれが一心不乱になって行動をしているときの状態で、西田は「純粋経験」とも称している。これを伝え切ったときに〝跳ぶ〟という状態になる。

7 「場所」的に問題であるという意識を持てるか

生死にかかわる問題

〝場所〟について、西田は、2つの矛盾したものを含みながら成立させていこうとするのは、自然界や生物の世界で常に起きていることだと言っている。人間の身体をとってみても、1年で細胞が入れ替わると言われているくらい、生と死は同時に起きている。しかも、それは自然環境を見ても、常に起きていると言える。このバランスの中で生き物は生きている。われわれは、このバランス感覚から「何か変だ」と場所的に問題があると感じるが、それは自分の〝公〟の世界に直接関係してくる問題である。

そして、自分の〝公〟の世界と相手方の〝公〟の世界に向かってゆらぎが起きる。これは、共通した志があるから起きる現象で、志がないと、いくら時間をかけてもこの世界には入れない。「場所的にこれは問題である」と感じたときに、どうしても関係者に伝えたいと思う切実な情報になる。それは、自分および自分の所属している共同体の生死に関わる問題のため、共同体が最も敏感になる課題である。

そして、感覚が鋭ければ鋭いほど、生の情報が生まれる。

しかし、個人が感じる問題点というのは全体の一部でしかない。これを全員で突き合わせて全体像をつくりあげるしかない。このときの現象は、西田やヘラクレイトスが言ったように、相反する矛盾したものを含んでいるので、この現象を成立させている隠れている本質を探らなければ、ディベートになってしまう。時間をかけてお互いの感じているものを出し合いながら、相矛盾している2つの現象が1つになった世界を見つけなければならない。このときに跳ぶというプロセスが起きて、この2つは1つになる。

そのためには、その人が言っていることは場所で起きているどの部分のことを言っているのか、と常に無心になって聞こうとすることが大事になる。一般的に、場所で非常に大きな変化が起きているときは、全員に緊張が走る。これは、全員が同じ志を共有しているから起きるのだ。そして、このときの場所で起きている表の変化と、そのときの隠れている世界を整理し、この2つの矛盾している世界を1つにするとき、解決策が現れて、生き続けることができる。

〝志〟は解決の糸口

一人ひとりの志、あるいは経験等を通じて感じた生の情報を集めて合成すると、全体の変化が見えてくる。部分部分を寄せ集めて全体が現れる。前述したように、場所で起きていることは相矛盾しているため、相手と自分の考えが一見反対意見のように見えることは珍しくない。しかし、ここで相反する2つの個はどこかでつながっていると思わないと、ディベートになってしまう。ここで〝志〟の問題が起きてくる。

志は、すみわけを通じて生き続けようとする生き物の本能で、これは〝我〟のあらゆる問題を超えて〝公〟の世界に入る基になっている。志を得るためには、現象が起きている場所の中に自分も入り、入っている自分を外から見て、場所の中にいる自分と対話しながら、自分の場所を相手に説明していく。

しかし、実際の経験を通じて、このことが十分に行われているかというと、NOと言わざるを得ない。まだまだ稚拙なレベルで、これからいろいろな失敗をしながら学んでいく以外にないと考えている。まず自分の中に感じたものを十分に伝えられないという矛盾がある。相手方にもそれを理解できる部分とできない部分がある。おそらく21世紀の課題とは、このような問題をどう解いていくかになるだろう。残念ながら「絶対矛盾の自己同一」「多即一」「一即多」はその説明にはなるが、まだ現場での問題解決はこの一部でしかない。このためには、21世紀型の複雑系の新しい学問が必要になるだろう。

8 人の感じた直観を100%信じられるか

現場が大事になった21世紀

前述のヘラクレイトス以後のギリシャの哲学者は、現場で起きている問題点には手をつけず、論理的に整合性のあるものだけを対象とした。その結果、欧米世界ではモノの世界がスタートし、それは20世紀で終わった。と同時に、われわれは現場を含めた世界の新しい実体の姿に対峙《たいじ》することになり、対象とするのは相矛盾する2つのことが同時に起きている世界、すなわち、ヘラクレイトスの世界に再び対応することになる。

西田哲学は、この実体の世界を述べている。今までは人工の世界であり、21世紀になって、いきなり約2500年前の本物の世界に放り込まれたということである。この実体を見て感じたことを伝えるというのは、現代の人間にとっていかに難しいことか。そして、それを承知の上で、ここから相手方が見ているものの実像にいかにして近づくか。これは21世紀から始まる新しい生き方であり、西田の世界の姿である。ここをしっかりとらえないと、ホモ・サピエンスは生きていけない。

大事なことは、人が感じた直観である。直観は場所、すなわち現場から出てくる。直観と直観の対話、場所と場所の対話、現場と現場の対話をしようとしているのだから、これは一番大切なことであり、一番難しいことでもある。

伝えようとしているのは、その人が言った言葉のバックにある直観の世界であり、それが100%信じられるかどうかである。言葉そのものではない。そうなると、言葉ではなくなって、終局は、その人をよく知らないと伝わらないことになる。しかし、日本の場合は、何だかんだ言ったところで、実際、縄文の昔から共同体の文化を通してこの世界が連綿と続いている。問題は、欧米を中心とした日本以外の世界だ。約2500年来、そうした伝統がぷっつりと切れてしまっているからだ。

〝志〟と自己実現

その人を知るということは、どういうことだろうか。この場合でも、20世紀的に知っているということと21世紀的に知っているということでは大きな差がある。20世紀は前述したようにモノの表の世界中心であったが、21世紀は表に現れないレベルで知っているかということになる。

グループの志を実現するためには、個人と個人はグループの中ですみわけの世界をつくっていかなくてはいけない。これを実現する場合、日本型共同体の中では、他人の共同作業が必要になってくる。これを通じて、各人の志を全員が理解することになる。すなわち、志のレベルで他人を知るということになる。個人がこのレベルにならないと、グループの志は達成されない。しかし、行動は現れている世界だが、志は隠れている世界で見えない。この2つを1つにしたとき、跳んで新しい自己実現の世界に入る。

個人からグループへとなると、当然、次は国ということになるが、21世紀に入って、日本では実際にこのような変化が現れてきている。それは社会生活を通じて自然にできあがってきたもので、隠れている暗黙のルールのようなものが日本人の生活を豊かにしている。そして、これは年とともに進化しているように見える。暗黙の〝志〟と言ったものだろうか。これが表に出たものが、外国人が見た日本人の親切さ、やさしさ、社会の安定性だろう。

当然、他人を知るというレベルはこれを通じて上がっていく。二人の志を実現するためのプロジェクトが解決すると、二人の間で相手を知るというレベルは大きく上がってくる。これが新しい二人の課題を見つけることになり、さらに相手を知るというレベルは上がっていく。これはグループの志を実現していく結果になるが、個人にとっては自己実現のレベルを上げたことになる。実は生き物にとって、自己実現ほど生き続けるために価値のあるものはない。これは、自分と場所が一体になったという実感を得るからである。

一体になったという実感により、これまでの苦労は喜びに変わる。そして、これが人生の幅を広め、結果として新しい自己実現を達成させていくことになる。生き物は個では生きられない。

ここで、21世紀を生きるとはどういうことかという課題の解決に行きつくことになる。

この個人とグループの自己実現は国レベルに達し、街を歩いていても、仕事を通じても、旅行をしていても、日本社会の温かみのある変化に気づくようになる。一方、世界では、これとは反対のぎすぎすとした現象が目につく。21世紀の日本社会では「志」「自己実現」「公」というのは1つにつながっている。

9 できるだけ言葉を費やさずに伝えられるか

感覚を伝えるとはどういうことか

場所で起きていることを伝えたい。それには言葉だけでなく、身ぶり手ぶりや表情など身体も含めて伝えるしかない。すなわち、言葉の出てくる隠れている世界を含めて人に伝えるということだ。その場合、加工した部分から出てくる言葉をできるだけ少なく伝えられるかが大事になる。

言葉のバックにある世界を言葉少なく交換し、共有できるか。いかに直観の世界を伝えられるか。直観の世界をなるべく言葉の加工を少なくして伝えられるかが大切になってくる。

場所で起きていることは、言葉ではごく一部分しか言えないし、伝え切れない。それを伝えるということは、どういうことなのか。

聞いたこと、見たことをそのまま伝えればいいというものではない。テープレコーダーやビデオに記録して伝えるだけでは、聞いた人、見た人の中にしっかりと入ってこない。グループメンバーが同じ課題に対して見たり聞いたりしたときは、自分の立場や志を通じて、どう聞いたか、どう見えたかを言葉と体全体で伝える。しかし、これは非常に難しい。

例えば、自分が感じた味を伝える、または、触感を伝えることを考えてみよう。このとき、自分の我（自分の加工部分）をなるべく少なくして伝えるのだが、これは20世紀には大きな問題にならなかった点だ。感覚を伝えるには、各人が考えて修業を積むしかないだろう。答えのない問題を解くというのはこのことを言っている。

ところが、前述したように、日本人は縄文の1万年間、文字を持たなかったために〝話しことば〟だけでやってきたが、その結果、ことばは人の心を伝える道具の一部ととらえ、言語の出てくる世界を伝える方法を考えてきた。〝有〟の世界で伝え、〝無〟の世界で伝え、〝空〟の世界で伝える――これは現代の暗黙知のルールになっていったのだろう。

ここで私事になるが、私は子供の頃、渋谷に住んでいて本物のハチ公を見ている。以後、90年間、ハチと名付けて秋田犬を飼っている。一緒に生活しているうちに、ハチが何を要求しているのか、何を考えているのかも分かるようになってくる。目、耳、顔、体の姿勢等すべてから感じられる。同じ場所に生きているということは、こういうことだと思う。まして人間の共同体ではなおさらである。

答えのない世界から学ぶ

自分の現れている世界の奥にある、隠れている世界を見つけようと集中していると、古い我が消えて、新しい我の世界に入っていくことになる。古い我の世界は日常の世界で、ここでいくら堂々巡りをしても答えは見つからないが、新しい我の世界に入ると、新しい答えが出てくる。これは座禅の世界に入ることと同じで、今まで忘れていたが、過去に経験したことが浮かび上がってくる。ここに新しい場所がある。

ヘラクレイトス以後の約2500年、答えのある世界で学ぶことを続けてきた人類は、答えのない世界で、自分で答えをつくりながら生きていくという時代に遭遇している。管理型社会にとっては、日本人が考えている以上に対応するのが難しく、不可能ではないかと思われるくらいだ。これも私事になるが、私は20世紀から21世紀にかけて、15年間、スイスに住んでいた。日本から連れていった秋田犬のハチが死んで、スイス生まれの秋田犬のハチを飼った。スイスではトレーニング学校で犬を訓練していくことを知った。すなわち、あらゆるものを自分に合わせていく社会だ。この社会はモノを豊かにしたことは確かだが、これが終わった現在、自分を環境に合わせ、自分のほうが生き方を変えていかなくてはならない時代をどう生きるか。21世紀は何も答えを出してくれない。ここからは、20世紀の〝有〟すなわち何を実現してきたかと、20世紀の

〝無〟すなわち何が問題になってきたかを整理して、その中間の〝空〟の世界を探るより方法はない。ここが21世紀の新しい場所になるからである。

10 組織のメンバーすべてが跳べる状態になっているか

1から9までの課題がOKならば、跳べる状態になっているはずだ。

第6部

21世紀の計画

第15章

20世紀の計画と21世紀の企計

①20世紀の現れている世界と21世紀の隠れている世界

20世紀の計画は、現在、売れているものをもっと多く売るためにはどうしたらいいか、または、現在のモノから見た市場のニーズでまだ提供されていないモノは何かを把握するための計画が中心だった。あくまでも現在のモノ一点に焦点を当てた計画づくりであった。このために現場では、モノを実現するための開発技術、製造技術、生産技術、販売技術に絞り込んで改良が続けられた。そして、人類史上最高の大量生産技術を20世紀は生んだ。第二次世界大戦のためにスタートした大量生産技術は、戦後、民間市場用に姿を変えて発達し続け、20世紀末にはさすがにモノの要求もおおかた満たしてしまった。と同時に、20世紀のモノを中心にした計画づくりは終わりを迎え、グローバル時代は終わった。

20世紀はモノを対象にして人間は活動してきたが、われわれが生かされている場所が変化するにつれて、モノの流れも変化していることが分かった。確かに、自動車はT型フォードからモノコックの日産ダットサンに至るまで変化しているが、これは自動車産業で使われていなかった〝ゼロ戦〟の新しい技術を日本の自動車産業に持ち込んだもので、あくまでもモノ中心であった。しかし、モノの時代が終わると、〝流れ〟に重点を置かざるを得なくなった。前述したように、現在の現れている現象とその裏に隠れている流れがあり、この2つを合わせたものが場所の実体であるということに気づく。21世紀は20世紀と違って、この2つを同時につかむことを要求される時代に入ったということになる。それは「現象の変化の流れ」と「現象の裏に隠れている変化の流れ」である。大量生産技術と表に現れている技術は終わってしまったが、日本の生産技術者は、この奥に隠されている技術と合わせて3Sを見つけ、現在の日本の自動車産業の現場ではこれによって外国メーカーとの差別化が進み、業績を上げている。このモノはなぜここにあるのか、何がこの現象をつくっているのかなど、技術の話から別の哲学の世界の話になってきた。

20世紀まではモノ中心の時代であったため、文化・哲学とは直接関係がなかったが、21世紀の世界は文化・哲学からスタートしないと対応できない時代となった。今まで人間が入ったことのない新しい場所に入ったということが言える。これは、当然、21世紀にいかに生き残るかの問題に突き当たったということだ。

しかし、ヘラクレイトスは約2500年前に「2つの矛盾しているものが1つになったときが美だ」と言い、日本の西田幾多郎は「絶対矛盾の自己同一」と言った。現れているものと隠れているものは1つのもので、世の中は生物が生まれる前からこれが実体であり、これに気がつかない生物は99・9％死滅した。

20世紀まではモノが不足している時代が続いたため、〝つくる〟という機能を満たせば、いくらでも売れた。しかし、21世紀の世界に入ると、自動車の需要もピークを越え、減産が始まった。テレビ、スマートフォン、ケータイ、家電製品も同じ傾向が始まっている。そうすると、企業経営をはじめ政治、行政、教育を含めて、場所の隠れている世界をどうつかむかが21世紀に入るための入り口になってしまった。

②場所の中で成立する21世紀の〝企計〟

前述したように、21世紀の計画は、場所の中での「生き方の計画」をつくっていかなくてはならない。20世紀は、モノ中心に市場を外から見て分析していて、「モノの計画」「モノの科学」であった。

21世紀の場所と一体化するということは、〝私〟のニーズを満たすための計画ではなく〝公〟

になるための計画であり、自分もグループも公を志向していくことになるが、これは環境の流れの中に入って次々と変化する環境が要求するコトの本質に応えていく計画で、環境と一体になる計画である。

公に対する考えは、自分たちが生かされている共同体の場所から出てくる。場所での生き方が、公の生き方になってしまう。欧米主導で始まったSDGsは、われわれには「なるべく自分を変えずに、変えやすいところから始める」と見える。これが日本の公の文化と違うところだ。日本型共同体企業で公をめざしているところは、自然にやっている仕事自体が結果的にSDGsになっている。目的と結果の差だ。

日本型共同体の完成型の1つとして、日本の江戸時代の〝イエ〟というシステムがある。イエは公的組織で、関係者全員、家父長を含めて働き手が環境の変化に合わせてイエを変えていくことによって生き続けることをめざしている。

シナの官僚制度に影響された奈良・平安時代は、蘇我氏や藤原氏に代表される〝ウジ〟を中心に運営されるトップダウン的な組織の時代であったが、武士階級が生産手段である土地とそれを守る防衛力を持つようになり、時代の変化とともに、江戸時代になると、ウジ社会は崩壊し、イエ社会に変わっていった。これが江戸時代の日本の社会革命と言えるもので、その結果として江戸型産業革命が起こった。ウジ社会からイエ社会への移行について、前述の『文明としてのイエ社会』（村上泰亮、公文俊平、佐藤誠三郎著）では次のように説明している。

「古代からの日本社会の連続的基調として、社会の成員間の同質性に基づく『共同体』的親和関係に注目する接近法がある」

このような長いプロセスを経て、産業界では、世界中で日本だけが何百年にも及ぶ長寿企業を数多く生み出し、21世紀の現在も続いている。同書の中で、それが現在までどのように受け継がれているのかが何度となく触れられている。すなわち、縄文のときに完成した日本型共同体社会がシナの官僚システムに影響されて、ウジシステムという管理型社会と共存する時代に入ったが、これをもう一度イエシステムという日本型共同体社会に変化させるために500年を要したということである。

この江戸時代の産業革命は、18世紀後半にスコットランドで起きた石炭というエネルギーを使って起きた産業革命とは大きく異なっている。スコットランドではあくまでもモノのためのウジ社会であったのに対し、江戸時代の企業活動は公をめざしたものであった。日本のウジ社会からイエ社会への変革のような公の考えは、環境と一体となっていった縄文時代からスタートしていたのではないかと考える。

20世紀のモノをいかにつくるかということではなく、自分が生かされている場所の中でいかに生きるかという個人とグループの志の実現のための計画がまずつくられて、その次に、そのための道具として何をつくるかという二段構えの計画になる。計画にも、モノの計画という「表に現れている計画」と「奥に隠されていて見えない志の計画」があって、この2つが1つになって、すみわけの計画になる。21世紀の激変する時代をいかに生き残るかという志の企画があって、場所の中でそれを実現するための計画を加えることで、「企画」＋「計画」＝〝企計〟ということになる。

③21世紀の計画は共同体から

組織について管理型と共同体型の2つを考えてみる。

管理型は、命令やルールで仕事の仕方を決める。一方、共同体型は全員の合意をベースに決めていく。管理型は独善になりやすく、外部変化と離れてしまうので、環境が変わると破綻するケースが多い。そのため、長寿型企業にはならない。それに対して、共同体型は全員対等で、かつ、高齢層、中年層、若年層の3つは外部に常に開かれていて一体になっているので、共同体型の組織は長く続く。

しかし、これにもいろいろなレベルがある。半分開かれ、半分閉じた共同体もあるが、これは社会主義等のイデオロギーによって管理されているので、日本型共同体とは異質なものである。常に外部に開かれた状態になっている共同体が望まれる。共同体の進化は、年々、開かれている部分が大きくなっていくことと関係している。

管理型と共同体型では、外部環境に対する態度も対照的だ。管理型は自己中心なため、外部を自分に合わそうとするのに対し、共同体は自分を外部に合わせて一体化しようとしているからである。このため、管理型は、外部と争うために外部情報を使うのに対し、共同体型は、変化の流れを組織内に組み込んで、内部を外部に合わせやすくするために外部情報を使う。外の変化の情報は、共同体のすみわけの世界を形成していく上で一番大切な情報としている。したがって、進化していく共同体は、環境に合わせて生き延びていくために、どういう計画をつくって、どう実行していくかを常に考えている。つまり、すみわけの計画をつくっているかどうかである。外部に開かれるためには、環境の変化にどう合わせていくかの計画が大切であるが、管理型にはその必要性はなく、むしろ、こういう作業はマイナスに働く。

開かれた共同体は、この目的に対して各人が参加する仕方を決め、グループの成長が個人の成長と自己実現を促すようになる。そして、自分で仕事を見つけていき、仕事がおもしろくなっていく。個人として新しい自分を発見し、それがグループの成長にもつながっていき、自分の成長が自分とグループの自己実現となり、すみわけの完成度につながる。すなわち、今までなかった新しい環境の変化に対して、努力して自分を変えた結果、自己実現によって努力は報われ、グループはすみわけを達成していくことになる。これが、生き物が生き続けていくということだ。

そして、一番大切なことは、これが20世紀までの競争社会から離脱する手段となり、21世紀からの無競争社会への入り口となる点だ。これは開かれた共同体からしか出てこない。個人の目的とグループの目的が完全に1つになることは、共同体型組織の最大の特長である。しかし、管理型組織では、グループの目的を達成するために管理型のルールをつくり、個人の希望は無視されてしまう。モノが不足していた時代はやむを得なかったが、21世紀になってステージは180度変わってしまった。

第16章 「企計」の進め方

①場所で「動いている短期の世界」と「動かない長期の世界」

20世紀までのモノを目標にするというのは、具体的に現れているので、計画は立てやすかった。ところが、21世紀からは、モノではなく、自分が所属している場所が要求するコトをいかにして実現するかの計画になった。となると、一体、場所というのはどういうものなのか。場所から出てくるコトをどうやって探るのかということが大事になってくる。しかも難しいことに、場所は、自然現象と同じように常に動いていて、関係している場所のつながりを通じて、全世界につながっているという複雑系の世界だ。そして、1つ1つの場所は、それまでの長い歴史を持っている。そういう自分が生かされている場所からはどういうコトが出てくるかを常に探っていかなくてはならない。

われわれの世界では、今日の目標と明日の目標は違っている。そのように、確かに場所は常に動いているが、よく見てみると、1つの整合性を持っていることに気づく。それは、動いていない部分があるのだ。

自然現象と同じで時々刻々変化しているが、変化しているものの中に動いていない秩序のようなものがある。場所は短期で動いているが、長期的にある方向に向かうという1つの方針のもとで動いているので、この長期の視点から、現在の変化を見る必要がある。例えば1月から3月にかけて日本海側と太平洋側では、大雪が降ったり、晴天が続いたり、マイナス20度になったり、変化が激しい日々が続くが、冬から春への気候の流れは毎年変わらない。

そして、場所も常に短期をしっかりつかみながら、長期の流れを把握していく態度が必要である。縄文人も現在の自然環境から隠れている6カ月先、1年先を想定し、何回もの失敗を通じて、正しい生き方を身につけて豊かな生活を実現していったのだろうが、これに対して自然が日本列島のように豊かでないところでは、生き延びるために争い、それに勝った者が生き延びることになる。ヨーロッパで生活していて気づくことはスズメの少なさだ。一方、日本ではあらゆるところに多くのスズメを見ることができる。これも自然の豊かさの差だろう。

ところで21世紀の人間は、自然環境と社会環境の変化の隠れている場所に対して、対策を打たないと生き延びることができない時代になった。日本では縄文から江戸末期まで、この2つの流れを1つにした中で生きてきた。明治になって、社会環境は欧米化により一時混乱したが、これも100年経って、日本文化の中に取り入れてしまい、新縄文時代が始まろうとしている。これも豊かな日本列島の自然のため、隠れている世界を縄文時代から身につける文化があったので、現在の日本では21世紀型の変化がスタートし、各分野でイノベーティブな活動が始まっている。

②場所の固有の立場と環境の変化

前節では、場所の現れている世界と隠れている世界の二面性について整理したが、当節では、場所の空間軸と時間軸の二面性について考えてみる。場所の中で生かされているということを考えた場合、その場所の中で自分たちはどういうふうに生きてきたか、生きてきた歴史、すなわち、自分たちの生き様をきちんと整理しておく必要が出てくる。それを、われわれが生き生かされてきた1つしかない「固有の立場」として、〝企計〟づくりに活かしている。それは集団の歴史、文化、伝統といったもので、それぞれの集団にとって他の集団と違った「固有の立場」があるからである。

もう1つは、自分たちを取り巻く外部環境がどういうふうに変化しているかという「環境の変化」が大事になってくる。モノを中心としたグローバル時代は、追いかけるターゲットが決まっていて、あとはいかにそれを実現して競合との競争に勝つかという方法論が関心事の中心であった。外部環境の変化や自分たちの歴史がいろいろあったにしても、モノ中心の世界では、それに無関心でも差し支えなかったと言える。生き物としては特殊な時代と言えよう。自分がつくったフェイクの環境（人工環境）の中で傲慢《ごうまん》にも生きられると考え、一時期、これは成功した。

しかし、モノの時代が終わって、本当は外部環境の中で生かされていることに気づくと、一体全体、外部環境とは何かということが問題になる。これは20世紀までの人工環境とは180度違って、それまで暖かい家の中にいた者がいきなり寒い外へ放り出されたような変化になった。

まず、自分たちの生かされている場所は、どういう「環境の変化」の中にあるかが問題になってくる。そして、「固有の立場」の2つから、これからの計画をつくろうとしている。

③時間軸と空間軸の交点から場所の実像をさぐる

前述の「固有の立場」というのは時間軸であり、「環境の変化」とは空間軸である。歴史という「時間軸」と、環境という「空間軸」の交わっているところが自分の生かされている実際の「場所」であるということになる。

ところが、空間軸、時間軸と言っても、それ単独でとらえるのではあまり意味がない。生かされているのは両軸の重なり合う一点だ。時間軸としての自グループの文化、歴史、伝統はしっかりと整理することができるし、空間軸としての自グループの置かれている環境も整理することができるが、この二軸の交わった部分は隠れて見えないところである。この見えないところが自グループの新しい21世紀の場所であり、生きていくところである。ところで、21世紀に入って今までになかったような新しい問題が次から次へと起きてくると、20世紀で行ってきた方法では個々の問題を解決して一時は収まることがあっても、すぐ同じ問題が起きてくる。このときは解決方法を変えなくてはならない。

この場合は、現在の場で起きていることの奥に深く隠れている本当の原因があることに気づかなければいけない。これが20世紀までのモノ中心社会とは違った世界に入ったということを表している。21世紀の問題に対しては、〝企計〟で対応しようとしている時間軸と空間軸の交点を見つけて、隠れている場所を見つけるしか方法はない。これは論理的にいくら考えても出てこない。これは非論理的だが、直観で跳ぶしかない。しかし、古来から生物は直観で生死が決まった。表に現れている現象をいくら解決しても、根本的な解決にならないという今までにない新しい時代に入ったということである。例えば、20世紀になって世界はいくつ戦争を行ったことだろうか。これは、20世紀の隠れている問題を解決しない限り続くだろう。

モノの時代は、場所そのものよりも、その場所の中でモノだけを対象にすればよかったが、場所の中で発生しているコトになると、場所に直接対応しなければならなくなった。このため、モノではなく場所に対応するという20世紀までとはまったく別の世界に入ったことになり、20世紀の対策は役に立たなくなってしまった。表に現れている問題と、その奥に隠れている問題の2つを1つにしたところに対応しなくてはならない。ここが21世紀の場所だ。別の見方をすると、「どういうコトを実現するために、モノをつくるのか」ということは、モノの隠れている部分がコトであり、植物の木と根や、人間の身体と心の関係と同じで、この2つを1つにしたところから世界を見ていかなければならない時代になった。しかし、考えてみると、太古から世界はこのようになっていた。人間は最近まで、いかに変な世界をつくってきたかが分かるだろう。これからは、本来の世界に戻る時期が来たようだ。これを今西錦司は「もと一つ」と言った。21世紀の計画づくりはここから始まる。

④個人の直観のレベルを上げて出てくる共感の〝企計〟

今回やろうとしている〝企計〟は、外部から観察して分析し、理論をつくろうとする20世紀型の「計画科学」ではない。これは、場所全体の中に入り、死なないために自分の生き方を見つけようとする生死に関わる問題で、20世紀までの計画とは次元の違う問題である。20世紀までの計画とはまったく違ったアプローチである。そして、そこから出てくる現れている世界と隠れている世界を直観で跳んで1つにした世界から「ありたい姿」を導き出す。

一人で感じた直観を関係者全員で跳んで共感にしたとき、全員で感じている場所の姿が浮かび上がってくる。そして、これは同じ場所の中で生きているという共同体のメンバーでないと到達しない、縄文時代からの日本型共同体社会の世界だ。

こうなるには、関係者一人ひとりが同じ場所にいて直観のレベルが同じくらいである必要がある。これを柔道や剣道でたとえてみよう。初心者と有段者では試合にならない。そして、有段者になるためには、柔道や剣道の〝カタ〟を軸に、長年の修練によって有段者になる。ところが、カタをいくら勉強しても有段者にはならない。カタを実行し、自分のカタをつくったときに有段者になれる。そして、有段者同士で訓練を積んだときに高段者になっていく。しかし、これは相手に勝つためにやっていると、相手がいなくなったら終わりになるが、昨日の自分を超えるためにやっていると、終わりはない。共同体の場合、新しい変化に対応するために、個人の直観を合わせて共感にして新しい共同体の身体知にしていく。環境の変化は、次々と新しい共同体の身体知を生み出し、これが共同体の進化につながっていく。すなわち、争うのは相手でなく昨日の自分だ。これで自己実現とすみわけの世界はエンドレスに進んでいく。

⑤「聞く」が「聴く」になる世界

〝企計〟は、全員参加でそれぞれの現場から発想する。なぜなら、グループの中にいる各人は、グループが生かされている場所の中の一部で生きていて、それぞれの感じていることを合計することで、グループが生きている場所の〝企計〟になるからである。したがって、各人の場所を合わせてみないと、全体の場所にならない。場所はこのようにして全世界の1つの場所につながっていく。そして、この部分の場所と全体の場所は、人間の臓器のような関係で、切り離すことはできない〝もと一つ〟のもので、これが複雑系の世界の実体だ。

各人の世界から見た全員が所属する全体の場所を掘り下げて見つけていく。この現在の生かされている場所を外部の会社がいくら懸命に観察したり、分析したりしても出てこない。場所はその集団の文化の問題と深く関わっているからである。そして、現在の表の場所を離れないと、隠れている場所は現れてこない。この2つを1つにした世界を見つけようとしていると、〝跳ぶ〟という変化が起きる（第5部参照）。

このためには、各人の世界で大きな変化が起きていることが前提としてある。例えば、あることをメンバーから聞いたとする。最初は、しゃべっている人の感覚の世界のほんの一部しか言葉になっていないので、さらにそれを聞き込んでいくうちに、自分の世界から離れて、しゃべっている人の感覚の世界に入り込んでいくことになる。これは、聞いている人の日常の世界を離れて非日常の世界に入っていくことになり、相手の感覚の世界に入っていくことになる。相手も自分の言葉の奥を説明しているうちに、日常の世界を離れて、非日常の世界に入ることになる。そのときに必要な条件は、二人が共同体の世界にいるということである。そのような状態になると、「聞く」が「聴く」になる。二人の共感した世界である。そうでないと2つの非日常の世界

掘り下げると、隠れているものが見える

現れている世界		隠れている世界
見る	→	視る
聞く	→	聴く
感じる	→	観じる
読む	→	詠む
作る	→	造る
思う	→	想う
知る	→	覚る
学ぶ	→	悟る
（頭で感じる世界）		（心で観じる世界）

は別々のものになってしまう。このように、現れている自分の世界を掘り下げて、自分の隠れている世界を見つけることは実に難しい。

日本型共同体では、相手の感じている世界を自分の〝ことば〟を通して聴き込んで、相手の〝ことば〟の奥にある心の世界を知る方法を身につけていった。これは、現れているところを深掘りしていくと、隠れている部分が出てくることを表している。これは日本型共同体社会の大きな特長の1つだ。

⑥ 〝聞く〟から〝聴く〟の世界へ

時間軸と空間軸は、次の図のような関係になっていると考えられる。自分たちの集団の今までの歴史を通じて、現在に至っている時間軸と、現在置かれている環境、すなわち、空間軸との交点である場所から、生き方、ありたい姿（戦略）が決まって、〝企計〟があらわになって出てくる。

人間の体の臓器のように、1つの機能は常に他の機能に関係しながら働いているので、切り離すことはできない。したがって、部分を見る場合も、全体からの部分、部分からの全体を合わせ

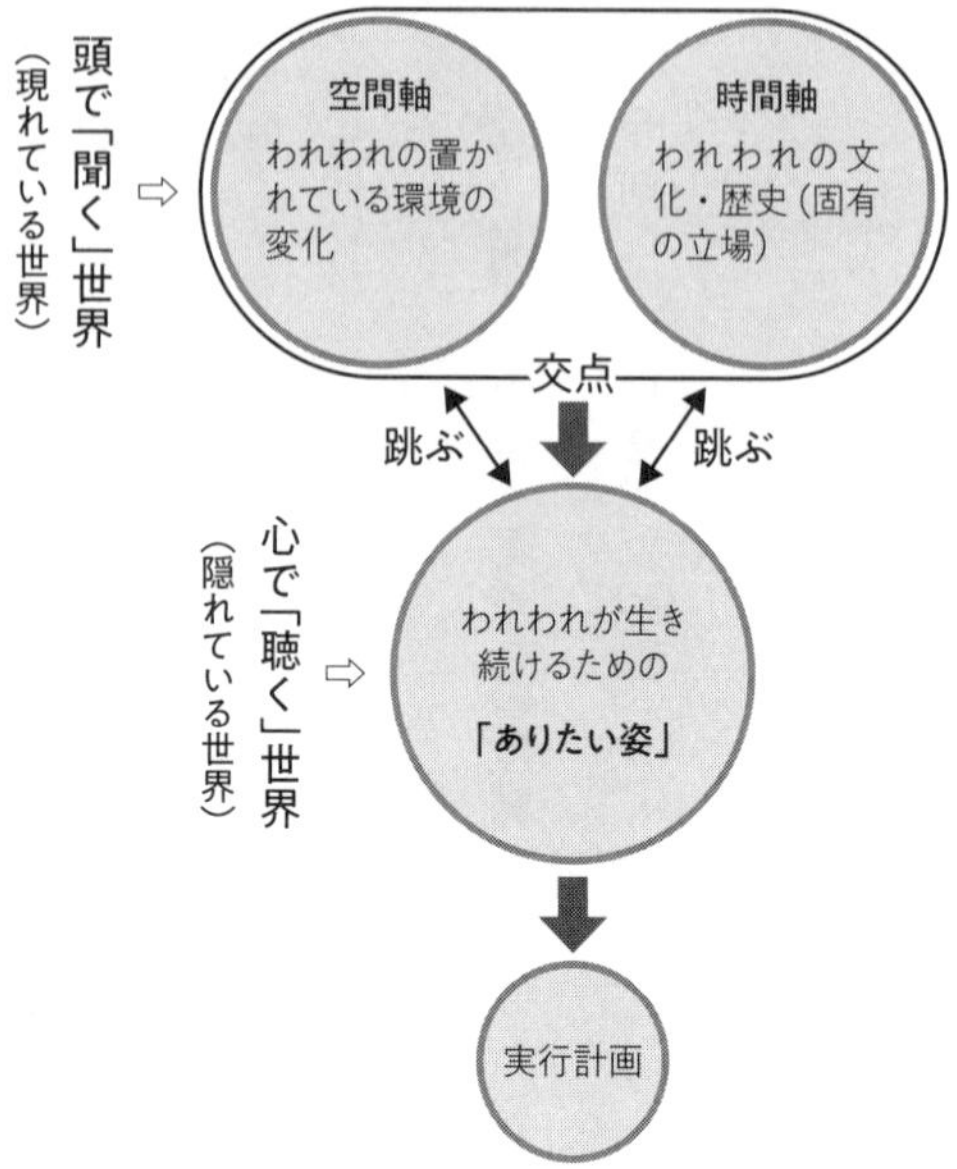

て見ていかないといけない。これは当たり前のことなのだが、20世紀までの「ありたい姿」は、現時点での「モノのありたい姿」であり、20世紀までの世界はモノ一点から見た時代をつくってきた。しかし、21世紀になってこの時代が終わり、モノたらしめているコトを対象にしないと、どうにもならなくなってきた。この21世紀の現象の世界がどうして出現しているのかを探らざるを得なくなってきた。ここで前項の「聴く」の世界に入らなければならなくなってきたのだ。つまり、「聞く」の現れている現象の世界から隠れている世界は何を要求しているのかを探り、これを実行していくことが21世紀の仕事になった。

しかし、もう1つ考えなくてはならないことは、われわれの生かされている世界、例えばモノづくりの世界で考えてみると、多種の分野が集まって混然としながらも1つの秩序を保っている世界だ。科学、技術の分野は当然のこと、経済情勢、社会問題、教育、文化と挙げれば切りがない。現場というものは、世界のすべてを含んでいる複雑系の社会だということである。そうすると、技術なら技術、科学なら科学と分析して対応していたモノの時代は、この視点から見ても終わっていて、前述したように、すべての関連性の中で考えなければならなくなった。すなわち、単純系の頭で「聞く」世界から複雑系の心で「聴く」世界へ入って初めて全体が見えてくるということになる。

これらは、どこからでもとらえられなくてはならない状態（〝もと一つ〟だから）になっている。これらのことを同時にとらえて計画を進めないと、21世紀の事業は実現しない。そうすると、出発点がどこであっても出発すると同時に、この3つの分野（時間軸、空間軸、それから出てくるありたい姿）との関係が生じることになる。これらは現場で鍛えられた直観から発生するしかない。21世紀をどう生きるかは、この直観のレベルにかかってくる。ずいぶん、しちめんどくさいことを言っているようだが、現在の日本のイノベーティブな企業は無意識のうちにこれをやっている。これらの企業から出てくるすみわけ商品、すなわち無競争商品は、この世界からしか出てこない。現在の日本のすみわけ商品は、機械製品だけでなく、イチゴやリンゴなどの農産物、寿司やラーメンなどの食品等、世界的に評価されているが、これらの商品はすべてこのプロセスから出てきている。ただ、これらは20世紀の大量生産製品から見ると、隠れている製品で、これが21世紀の主流になっていく。

⑦日常から非日常へ〝跳ぶ〟

矛盾した2つの事柄が1つになっているのが現実なのだが、このことを理解して新しい場所を発見することは、跳ばないと到達できない。深く考えていると、自分の日常の世界を離れて非日常の世界に入り、そこを1つにしたところから跳んで答えを見つけることができる。前述のイノベーティブな商品では無意識のうちにこれを行っている。

人類の歴史において、20世紀までの人工的な「文明」と言われる論理を中心とした時代が長かった。そこでは、先述の2つの軸が重なり合う点で計画をつくって生きるという経験がなく、その意味が分からない。論理的にいくら考えても、空間軸と時間軸の重なり合った場所は出てこないからだ。前述した通り、これは自分の日常の世界を離れて出てくる〝空〟の世界だからで、グループの直観をグループの共感にしたときに出てくる世界だからである。これは、コンピュータの世界をどうひっくり返しても出てこない〝ヒト〟の世界だ。

文明は、その時代の表に現れている世界で、文明を文明にたらしめているのは隠れている文化である。文化全体をつかまえることは大変難しいが、これを1つにしたところが、われわれが生き生かされている場所の世界だ。

1万5000年前の縄文人は、空間軸と時間軸の同時に織り成す原点で常に実存していた。縄文人は、力がある者が生き残るという人工的な世界ではなく、自然環境の中で生かされ、生きてきて、この2つが1つになっているところがわれわれの場所だ。つまり、空間と時間が重なり合う場所にじかに向き合って生きてきたと言える。世界人類史の中で、日本の縄文人ほど、この相容れない2つの交点で争わずに何万年も生きてきた歴史はない。この特殊な生き方が、日本人の「特殊だけれど普遍性の高い」「やさしいけれど強い」という独特の文化をつくってきたのではないだろうか。このため、縄文人は「人を知る、自分を知る、世界を知る」という日本型共同体社会を発達させてきたのだろう。この伝統が、現在の日本のモノづくり、人づくりに生きている。前述した三内丸山の30メートルを超えるイノベーティブな木造建築物が法隆寺の五重塔につながっていることが、それを証明している。

和敬塾は、まさに縄文人の生き方、すなわち、共同生活による人間形成をねらって、60年間、この世界を追い続けている。これは、共同生活の隠れている部分がしっかりしている証拠だが、この隠れている世界と現れている世界を1つにして世間に知らせることは難しく、和敬塾を経験した人にしか今のところ伝わっていない。これを何とか文章化しようと努力しているところだ。ホモ・サピエンスの歴史において、人間のつくった人工物、すなわち、モノ中心で世界が回るようになってからの時代が長く続き、それを極端に肥大化させて人工環境のグローバル化が近代になってスタートした。われわれは人工的な世界に抵抗感を失って生きるようになり、その時間と空間の織り成す場所の原点のことを忘れてしまった。現状を見極めることはできても、その本質は何かを見る見方は落ちてしまっていた。

しかし、いよいよ今度はこの中で生きる時代に入ってきた。自然環境ばかりでなく、人間がつくった人工環境も含めて環境理解はより複雑になり、理解するには高度の見識と長い経験が求められるようになった。環境変化の現象を知ることはできても、その環境変化の本質を見極めることはさらに難しくなる。

環境の現状と本質という矛盾した2つの事柄が1つになっているのが現実なのだが、これを理解して新しい場所を発見することは、21世紀からの生き方になっていく。深く考えていると、自分の日常の世界を離れ、非日常の世界に入り、それを1つにしたところから答えを見つけることができる。すなわち、〝跳ぶ〟である。

しかし、前述したように「聞く」から「聴く」の世界に入らなくてはならないが、これは自分の内にしかない世界で、2つの世界が1つになって自分があるということであり、このとき自分が成立する。自分の心の世界は、「聞く」が「聴く」になったときに現れる。仏教はこの世界のことを説いている。ブッダはこれを思考して論理的に説いたが、非常に難解で、凡人にはほとんど理解が不可能だ。

しかし、われわれは現場の活動を通じてこれに到達してきた。これは、われわれ日本人が縄文時代から現場で多くの失敗をしながら何万年もかかって到達した世界である。「言葉」から「心」へつながり、跳ぶことによって、現れている世界と隠れている世界を1つにする文化だ。

跳ぶことによって現れる世界は今後も進歩し続けていくだろう。

⑧脳科学の奥にある心の世界

前述したように、「見る」を「視る」、「聞く」を「聴く」と感じるのは直観の問題で、科学によるものではない。「見る」や「聞く」を表に現れている脳とすると、「視る」や「聴く」と感じる脳は、見えていない脳、現れていない脳であり、これは心の問題である。この2つの世界が1つになって人間の脳は存在する。

現れている脳科学は全体像の解明に近づいているのだろうが、隠れている脳については、やっと手をつけたところだろう。しかし、現場にいるわれわれの場合、この2つを別々の世界として扱うのではなく、1つの世界にしなければならない立場に立たされており、試行錯誤をしながら手探りで進んでいくしかない。脳科学とは別の方法で、現場から同じことをめざしてやっていくしかない。

何らかの形で、現場の共同体から心の世界に学問的に迫っていこうとしているのが21世紀の和敬塾だ。発達心理学をベースに和敬塾の現場から心の領域に迫ろうとしている。大切なのは、心をめざしている日本型共同体の現場があるということで、管理型社会では基本的にこれに入れないだろう。われわれが今大切だと考えていることは、現れている現場と隠れている学問を1つにしないと、共同体が現れてこないということだ。このためには、すべて現場からスタートして、この2つを別々の世界から追わないことだ。往々にして学問的な面は現場を離れて進みそうになる。これでは20世紀までの世界で、複雑系の世界には入れない。

しかし、これから考えると、日本型共同体社会の将来も大いに期待してよいのではないだろうか。現場からと学問からの2つを1つにしないと、複雑系の学問にはならないだろう。当然、両者の共同体として進めていく以外に方法はない。われわれ現場人は、今まで通り試行錯誤をしていくのは覚悟の上で、早く〝心〟の科学を現場と一体になって進めていけるようになれば、と願っている。

第17章

21世紀の「企計」の構造

①時間軸と空間軸

現在の流れから将来の流れをつかむのが難しいことは確かだが、1万年の間、縄文人は、現在の中にある変化から将来の変化を予測する術を学び、豊かな縄文文化を築いていった。これは、何回もの失敗を通じて経験的に学習していったのだろう。特に、四季がはっきりしていて、変化の激しい日本の自然では、欧米に比べて予測しやすかったのかもしれない。

ヨーロッパに住んで気がついたことは、日本に比べて降雨や降雪が極端に少ないことだ。日本を森の国とすると、ヨーロッパは草原の国だ。このため、ヨーロッパでは草や木の実が少なく、

57ページの図を上から見ると

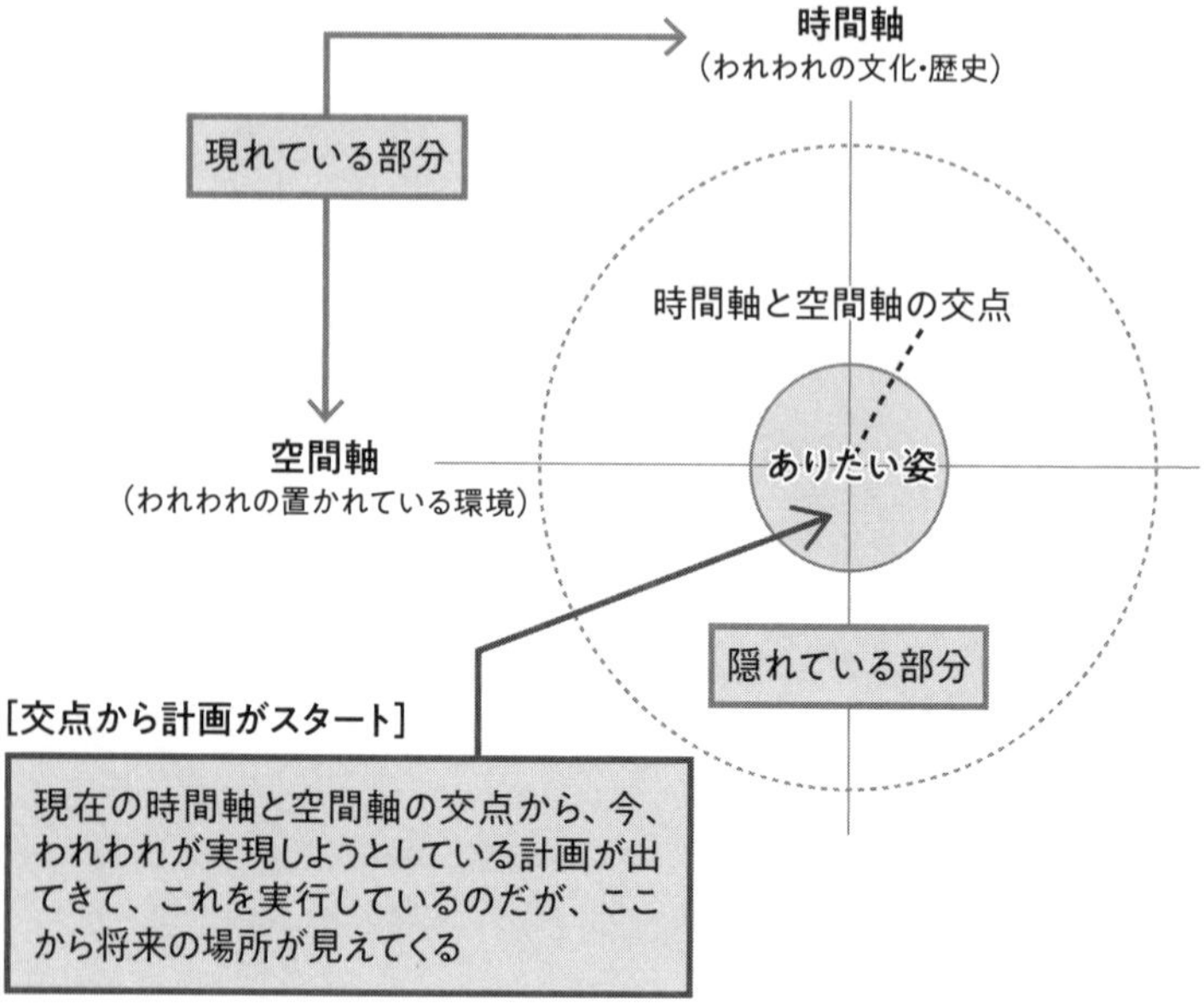

草食動物にとっては貧しい世界になっている。ここから「争う」という世界が始まる。

島国の英国を除いて、ヨーロッパで傘を持っている人を見ることはまれだ。そして、日本のような台風はめったに来ない。たまに暴風雨があると、大木が根っこから倒れている。春と秋は短く、1年の大半は冬と夏で終わるため、日本と違って変化は2つしかない。一方、日本の豊かな自然は、四季がはっきりしていて変化をつかみやすい。この差は両者の生き方に大きく影響していると思われる。日本の場合は、常に春（花）と秋（実）の大切さを意識して生きている。

時間軸と空間軸を考える場合、現在、われわれが生かされている場所は、過去から生かされている歴史の上にあり、関係しているまわりの場所との関係性の上に成立しているということが言える。前の図で表したが、時間軸と空間軸の交点から、生かされている場所の実体が現れてくる。これを「ありたい姿」と称している。

時間軸、空間軸は現れているので表現できるが、この2つの交わった交点、すなわち、われわれが生かされている場所は隠れていて見えない。しかし、現在の場所で生きていくためには、〝跳んで〟この2つを1つにしたところ、すなわち、この交点から出てくる企計を実行するしかない。これは直観で行うため失敗するときもあるし、うまくいくときもある。失敗を繰り返しながら成功に近づくしかない。コンピュータでは無理だ。5年先、10年先、または30年先に場所がどのようになっているかをイメージすると、長期的な計画が見えてくる。

ここが、21世紀からの計画が20世紀までの計画とは違って難しいところである。しかし、これも失敗を通じて成功に近づいていく以外に方法はない。今後、いろいろな方法が出てくると思うが、われわれのやってきたことを通じて整理してみたいと思う。ただし、まだ完全なものではなく、100点満点の10点以下の内容だ。

生物が生かされている場所、生きている場所の実体をつかんで、生きていく方向を決める。この場合、隠れているところをどうつかむかが問題になる。人工環境の中で生きてきた時代は、考えなくてよかったことだ。なにせ、いいモノを安く、早く、大量に市場に提供すれば生きていけた時代で、人工環境の要求に対応していればよかったからだ。しかし、今後、再び自然環境の下で生きるとなると、環境への適応が生死を分けることになる。前図の時間軸と空間軸の交点にある場所の変化に合わせて、生き方を変えていく以外に方法はなくなった。

人工環境以前、ヒト属は、環境適応能力を持って地球上のあらゆる環境に順応し、現在のホモ・サピエンスの世界をつくった。考えてみると、アフリカを出たホモ・サピエンスは、中近東から一方はヨーロッパへ、もう一方はアジアへ渡った。さらに、アジアからアメリカ大陸へ行ったグループとアジアから太平洋諸島へ行ったグループに分かれていった。この自然環境に対する適応はものすごいし、それをやったのは哺乳類の中でヒト属だけだ。ところが、今、ホモ・サピエンスはこの力を失っている。この力をもう一度取り戻さなくてはならない。北から南へ、西から東へ移行するにつれて、ホモ・サピエンスは現象の世界に対応するための方法を隠れているコトの世界で見つけ、生き抜くためにモノをつくっていったからである。

現在、「見えているもの」から「隠れているもの」を1つにした場所に気がついたとき、「見る」から跳んで「視る」に変わるということになる。「視る」は、前述の日常の世界から非日常の世界に跳んだときに起きる現象である。264ページの図の「ありたい姿」は、時間軸と空間軸の交点で、2つを交差させて「視る」ことになる。

20世紀まで「見る」現象を分析して理解してきた。しかし、今度の「視る」では、現象をまるごと〝視て〟全体に迫らないといけない。「見る」を広げる方向とすると、「視る」は深める方向で、この2つを1つにしたところが21世紀の場所だ。20世紀は科学の時代であるのに対して、21世紀は哲学の時代と言うのはこのことが証明している。20世紀までは、1つの社会現象を経済で見るとどう見えるか、それをどうとらえるか、政治ではどうか、技術ではどうかと、別々にとらえていた。モノ中心のグローバル時代はこれが機能した。

しかし、モノの時代が終わって、現象全体に対応しなくてはいけなくなってくると、20世紀までの方法では対応できなくなり、所得格差の問題や、環境問題、食糧問題、移民問題、教育問題等は一向に解決に向かわず、むしろ問題の深刻さはますます大きくなっていっている。現在は別々ではなく、全体をとらえて、全体を対象とした総合施策が求められてくる。20世紀までの単純系の世界と21世紀の複雑系の世界が1つになっている実態社会を対象にしないと生き続けられない世界に、突然、人類は放り込まれたということである。こうした事態への対策としては、日本型共同体による〝すみわけ〟力があるだろう。

私は、過去70年間、モノづくりの現場を中心に世界を見てきた。そして、前述したように、日本のモノづくりは、見える世界のモノづくりと視える世界のモノづくりを1つにして変化していった。この経験を通じて現在の世界の諸問題を見ると、専門家の言っていることはほとんど違っているように見えてくる。問題に対応する立場が違っているのではないかと思う。20世紀までの見える世界だけを見ていて、21世紀からの見えない世界と合わせて1つにした世界からの発想がないのではないか、と感じる。

20世紀に機能した国連をはじめとする国際機関は、すべて機能不全になってきた。これは、専門家が現象を外から見て対策を立てても何も解決しない時代に入ったことであり、現場にいる者が対応し、失敗をしながら自分自身を変えて、隠れている世界への対応を習得していく以外に方法はないことを示している。すなわち、見える世界と見えない世界を見る視点を持ち、単純系から複雑系へ、全部から全体へ、科学から哲学へと変える時代に入ったのである。これを意識しているにしろしていないにしろ、現場で行っているのが21世紀の日本のイノベーティブな産業である。

② 〝計画〟と〝企計〟の違い

昔の話になるが、前川製作所では昭和49年度から各グループの毎年のすみわけ戦略をつくるための「企業化計画」を立てていた。このとき、われわれが計画をつくる目的は〝すみわけによる無競争社会〟に入ることだ。これによって各ブロックは計画をつくり、これを受けてブロックに所属している各独法（独立法人）は、自分の市場に合わせて、このブロックの計画を実現するための計画をつくる。これを受けて、各人はそれぞれの特長をねらって計画をつくり、実行していく。すなわち、全体から各人へ、各人から全体への関係は管理システムがなくてもスムーズに行っていける。しかし、独法制を各地で進めていくと、同じ地域で同じメンバーでやっていても、急に業績が落ちるケースが出てくる。このとき、所属しているブロックの関係者が集まって、対策会議をするのだが、時間が経つうちに自然と戻ってくる。結果は、製・販・技の個々の問題ではなくて、共同体の全体に関わる複雑系の問題だということが分かってくる。しかし、共同体のどこの部分がどう変わったから元通りになったのかは、何回やっても分からなかった。このときこそ、現場から学術的に分析しなければ解決策は言語化できないのだろう。場所と共同体というものは、現場人としての素人には１００％まで解決できないレベルの問題だということが分かった。ところが、なぜか全員で合宿しているうちに、自然に解決していった。これは、現場によって現場が変化したということで、これを今回、和敬塾で学問的に解明できないかと考えている。

一般に企業は創立して50～60年経つと、市場との関係から、自社の特長がだんだんできあがってくる。前川製作所の場合、冷却市場とそれに関連した食品市場、冷却から出てくる熱を使ったヒートポンプ等が中心になっていった。しかし、戦略として、すみわけによる無競争化をねらったのではなく、冷却も食品もエネルギーも化学市場も、自分たちの現場を中心に企業化計画を進めていくと、すみわけ商品が自然にできあがっていったのだ。この4つのすみわけを実現するために冷却ブロックは何をするか、食品ブロックは何をするか、ヒートポンプブロックやケミカルブロックは何をするかというように、それぞれのブロック内で計画をつくる。そうすると、各ブロックを構成している独法各社の方針は自ずと決まっていく。それにつれて、独法内の各人の計画もできあがってくる。そのように、全社をどこから見ても自分の立ち位置が決まってくる。これは個人にとって自己実現するためのベストなシステムで、全社にとっても、すみわけするためのベストなシステムになる。そのため、計画をつくる主体にやる気と自由と達成感が生まれた。そして、この活動の結果、無競争社会は、前川製作所がねらった通り自然に入っていった世界であった。

企業化計画は、昭和49年からグループ制で始まり、53年から独法制がスタートするときに全社で実施した。年を追うにつれて環境が変わり、改善点がいろいろ生まれた。計画は手順ごとに創意工夫され、複雑高度な環境の変化に対応し、その都度、より深い議論を要求されるようになっていった。

企業化計画は、今回の計画（企計）とどこが違うか。

企計では、現象事象を表現することもさりながら、その奥の見えていない点、現象の奥に隠れている部分を前回よりも深掘りすることが求められる。とすると、表現を超えて、まず一人ひとりが深く考え、洞察し、まわりにも促し合いながら、深い突っ込みと議論を繰り返すことになる。

【企業化計画と企計の違い】

・時間軸と環境軸の2つから跳んで新しい場所を見つける
・そこから生き残る〝志〟の企計をつくる
・全体の企計の中で個人の位置づけが分かっている

③ 〝企計〟の計画手順の要点

現在までの〝企計〟の計画作成順序を整理しておこう。

ここで注意すべきは、以下の（A）を行うとき、まず（A）から（D）をよく読み込んで行うことだ。各項目でも、残りの項目をよく読み込んで、全体像を理解した上で行う。それは、全部の関係でなく、全体の関係が大切であるからだ。企計づくりが繰り返されることによって創意工夫がなされ、いろいろなアイデアが出て、ますます進化していくものと期待する。以下では、〝企計〟の手順について述べていく。

（A）雑談会で漠然としたイメージを交換する

自分たちの仕事を通じて生き生かされている場所は時々刻々変化している。この生きている場所は現れているが、生かされている場所は見えない。しかし、この2つが実体の場だ。この実体の場の変化に対して、日頃、製・販・技で議論しているのだが、通常の変化と違った変化を感じられるときがある。例えば、最近、日本の各種の食品が世界中で好まれ出したという現象などはその好例だ。または、環境問題からくるヒートポンプ市場の変化や、最近目につくようになったハイテク市場における超電導技術などである。この問題こそ、グループにとって一番大切な情報になる可能性がある。これは、表に現れている情報の奥に隠れている情報に関係している場合が多く、これを1つにした場所の話になると、雑談会は活性化して問題が鮮明になっていく。各分野の中には、この種の情報に敏感なメンバーがいて、そのメンバーが中心になって同じ種類のモヤモヤした問題を話し合う中で、問題の輪郭が浮かび上がってきて、自グループの将来に大きく関係してくることがはっきりしてくることが、この会議の目的である。

この種の雑談会によって、グループの場所性がはっきりしてくる。と同時に、場所に対する各人の関係の在り方も現れてくる。すなわち、この雑談会を通して各人の跳んだ世界を交換することになり、全体の跳んだ姿になっていく。そして、一番大事なことは、雑談会をすることで、グループと個人が21世紀型になっていくことである。このプロセスを前川製作所では「雑談会」と称して、企計づくりのスタートとして最も大切にしている。しかし、このような雑談会では、常に戦略から戦術、そして戦術から戦略を併せて考えているメンバーを選ぶ必要がある。これも共同体内では自然と決まっていく。

(B)時間軸・空間軸において隠れているところを探し、それぞれを表現する

20世紀までは「見えるところ」だけを対象にして対応してきたが、これが終わると、今度は「見えないところ」を含めた場所を対象にする時代になった。そして、前述の雑談会は、グループの「見えるところ」と「見えないところ」を一体とすることにより戦術と戦略をとらえる。

前の雑談会で全員で感じているモヤモヤした部分を1つの方向にまとめたものを中心に、今回は、時間軸と空間軸という自グループの置かれている場所から考えて、もう一度、具体的な企画をつくり出すことになる。しかし、これは現時点の問題に関しての雑談会でしかない。現時点での問題がある程度はっきりしてくると、次に問題なのは、この場所の20年先、30年先、50年先がどのように変化していくかを議論することで、それをしなければ〝企計〟にはならない。

この場合、雑談会の参考になるのが、20世紀と21世紀の一般的な差をまとめた次の表だ。これを各人が見ながら、時間軸の隠れている場所を探っていく。しかし、これ以上に大切なのは、日々報じられてくる世界の変化だ。これは自ずと濃淡があるだろう。これも読み取らないといけない。そして、今後、企計のための会議が進むにつれて、何回も次のステップに進む雑談会が持たれ、その都度、21世紀の企計づくりが進んでいく。

今までは見えるところだけを対象にして対応してきたが、これが終わると、今度は見えないところを含めた場所を対象とする時代になった。モノは見えるが、モノをモノたらしめているモノは見えない。20世紀までのモノ中心の時代は、見える部分だけで対応していても問題はなかった。この時代が終わると、見える部分と見えない部分という2つを跳んで1つにした世界に対応していかないと、生きられないことになってきた。すなわち、見えるところ（実在）と見えないところ（存在）を合わせたところに、新しい場所のイメージが生まれてくる。しかし、現実の「見えているところ」をいくら探しても、「見えない世界」は現れてこない。これは、「見えている世

隠れている部分が浮かび上がってくる対比表——20世紀と21世紀の対応

20世紀	21世紀
グローバリゼーション	ローカリゼーション
国際機関(国連、世銀、WTO)中心	国際機関の機能劣化
大量生産社会	個別生産社会
大量生産、大量消費、大量廃棄	最適生産、最適消費、ゼロエミッション
成長社会	成熟社会
経済の時代	文化の時代
戦争の世紀	対話の世紀
欧米中心社会	欧米中心社会の崩壊
戦争の時代	戦争を起こせない時代
世界経済の中心 = 欧米、中国、日本	世界経済中心 = アジア
管理型社会	共同体社会
コンポの時代	システムの時代
論理、単純、単一系	感性、複雑高度系
若者の生き方の変化(一流大学、出世)	おもしろい仕事、自由、楽しむ
物欲	自己実現
定年制	生涯現役
多産	少子化、超高齢化
スパルタ教育、知識偏重	非認知力・人間力の養成

界」を離れないといけないということだ。日常の世界から離れてものを考えてみるということだ。そうすると跳んで〝見えない〟非日常の世界が現れる。この2つの世界を再び跳んで1つにしたところが新しい場所だ。

ここで前述の呼吸法が、日常の世界から非日常の世界に跳ぶための1つの解決策になってくる。この他にも現実の世界を離れる方法はあると思うが、呼吸法はどこでもできるし、何人とでも可能である。計画のある課題について考えているとき、表に現れている部分は分かるのだが、もう1つの隠れている部分をどう探し出すのかをよく頭の中に入れた上で、前の表を無心で見ていると、隠れている部分が浮かび上がってくるときがある。これは座禅で老師が出す公案のような役目を果たし、非日常に入るツールになるときがある。

これまでは、単にモノを対象にしているため、今回のような議論にはならなかった。今回のまったく新しい議論を考える場合、このモノ議論を思い出し、まったく違った方向の議論であることに思いを寄せて、新しい議論の世界をつくっていくことになる。モノからコトへの変化だ。そして、そこで気づいたことは、世界に2つとない場所で、2つとないグループが見つけた、2つとない隠れた世界であるため、ここから出てくる対策（戦略・戦術）も2つとないものとなり、結果として、すみわけの世界を掘り下げて、無競争社会に入ることになる。そして、これが21世紀の世界を豊かにしていく。

前述した3Sはこの好例だろう。モノづくりは目に見える部分から隠れている部分も対象とするようになった。隠れたところは、時代の変化とともに次々に新しくなっていき、それに沿ってこの2つを1つにした場所からイノベーションが起きるのである。

（C）現れている場所と隠れている場所から〝ありたい姿〟へ

日常の世界と非日常を跳んで1つにすることによって「ありたい姿」に行きつく。この2つは矛盾した別物であるが、われわれが生き生かされている世界（場所）は、2つの交点の中で成立している（絶対矛盾の自己同一）。

しかし、〝跳ぶ〟は論理の世界の話ではなく、感覚の世界の話で、そのため論理的な説明をすることはできない。気持ちの持ち方、あるいは、感覚の世界や心の世界で行うとしか書けない。

そして、この「ありたい姿」は、外部環境の時々刻々の変化にも影響されるので、毎年つくり直す必要がある。この毎年の積み重ねは、このグループの将来の姿をつくりだすとき、非常に参考になる。

現在の時間軸と空間軸の交わったところに立っているわれわれが、現在をどう生きるべきかを考える場合、この交点から考えるよりほかにない。すなわち、現在の場所の表に現れている時間軸の部分から、隠れている場所を類推するしかない。空間軸についても同じだ。この2つを〝跳んで〟1つにしたところから「ありたい姿」が出てくる。いずれにしても、これは20世紀ではやったことがないことで、20世紀と21世紀の一番大きな違いであり、新しいことの1つだ。

われわれの場合、この問題解決のために2泊3日の合宿をグループで行うことがある。1つの問題をテーマに数人で合宿していると、2日目あたりからその問題の中に全員が入り込むことによって、日常の世界を離れることが結果として達成される。この2つから〝跳ぶ〟という現象が起きる。この世界は、日常の世界で何回議論をしても、何十時間をかけても現れない。しかし、21世紀の計画づくりでは、このような合宿は避けられないだろう。

自分たちの生かされている場所、すなわち、空間軸（環境）と時間軸（歴史文化）の交点から10〜30年先を見て、この交点の世界がどのように変化するのかを予測する。これは現在の「ありたい姿」に対して将来の「ありたい姿」と言える。この予測に対して現在何をやるかの〝企計〟をつくる。これ以外に生き延びる方法はない。生き物にとって一番大切なことは、いかに将来を予測するかだ。これが21世紀からの最大の問題となる。そして、これは常に外れるだろうが、何度もやるしかない。予測はだんだん前回よりも正しいものになる。そのとき、前回は何を見過ごしていたか、何に気づいていなかったかが分かる。この繰り返ししかない。それに対して実行計画をつくるのである。

21世紀までの計画は生活のためのものであったが、21世紀からの計画は生死を決めるものになる。そして20世紀までにはなかったような環境の大変化が、次から次へと襲ってくる。おそらく絶滅する生物が数多く出てくるのではなかろうか。

20世紀までの科学や技術を軸とした計画とは違い、21世紀からの計画では、いかに生きるべきかを見つけるために、環境はどのように変化するのか、そのためにわれわれは何をすべきかを決めて行動しなくてはならない。どうしても20世紀までの計画と違って哲学的にならざるを得ない。そして今、われわれは第一歩を踏み出したところで、これから人類はいくつもの山を越えなければならないだろう。

１９２４年に来日し、東北帝国大学で哲学を教えていたオイゲン・ヘリゲルは、日本で弓道を習ったとき、最初に阿波研造師範から教えられたのが呼吸法だったと『弓と禅』（福村出版）に書いてある。ヘリゲルは、これを身につけて非日常の世界から弓を弾くことができた。最近のシリコンバレーでは呼吸法が流行っているらしい。禅をするために日本に来る外国人も多くなってきたと聞く。確かに、表に現れている場所から見ることは20世紀で終わった。自分の表に現れていない世界に入ろうとすると、日常の世界から非日常の世界に入らざるを得なくなる。これには座禅か呼吸法がよい。

西田幾多郎は、彼の日常の世界で考えた世界から非日常の世界に入るために、1日に何時間も座って「只管打坐《しかんたざ》」をしていたと書いている。おそらく、日常の世界での課題の答えを呼吸法で見つけて、西田哲学が完成したのだと思う。呼吸法の〝すう〟と〝はく〟は日常の世界で誰もが行っていることだが、2つの世界の間を静かにゆっくり往復すると、〝すう〟でも〝はく〟でもない世界が開け、非日常の世界の入り口になる。大切なことは、〝はこう〟としたり、〝すおう〟としたりするのは日常の世界だからダメで、〝すう〟でも〝はく〟でもない間の世界が非日常の世界になる。〝すう〟と〝はく〟は日常の世界だが、2つの異なった世界で、この2つの合わさった世界は日常でなくて非日常の世界だ。ここを意図的に長く保っていると、自ずと非日常の世界に入っていく。〝空〟の世界も〝有〟と〝無〟の間にある。有でもなく無でもないが、有も含み無も含んでいる新しい間の世界だ。

しかし問題は、個人で自分の現れている部分と隠れた部分を1つにしてグループの活動に参加しているのだが、こういう心の世界の話では、どうしても個人の独善に陥りやすいことだ。「場所的自己発見研修」は、独法制時代によく行われた研修である。自己にも2つある。すなわち、「自己中心的な自己」と「場所中心的な自己」だ。後者に立って後者を見るとき、個人は日本型共同体に解放される。ところが、それには訓練が必要だとして、「自画像」と「他画像」(他人から見た自画像)を交換し、他人から自分のことについていろいろ評価してもらうことをやったのだ。悪い点を指摘するよりも、「あなたのこの点をこう変えると、もっとよくなる」というところに力を入れた。

自分の日常の世界から非日常の世界に入ってつかんだ共同体の中での仕事を進めていくと、個人と個人の間の意見交換は自然と変化していき、二人の直観の世界を合わせて、よりよい考えに達していく。これが、集団の特長を出すことになり、すみわけに向かって、無競争の社会に入っていく。

このような場合、人は気づかないうちに、どうしても自分の〝私〟として、自己中心的な主張になっていく。この研修で取り入れている方法は、これを同じグループメンバーに指摘してもらい、修正するためのものである。

例えば四人の共同体の現在の状態をより深化させるためのテーマを3つか4つ考えてみる。テーマはその都度の課題ごとに参加者でつくる。例として、自グループの次のような4点に関して各人のレベルをつけてみる。

①この課題に対して深く考えているレベル
②この課題に対して広く考えているレベル
③各人の意見を聞いて自分の考えと合成させるレベル
④人の考えを入れて自分の意見をつくるレベル

①から④の質問に対して、対象の一人を外し、三人の各項目の点数を集計する。これは、問題に対して共同体が見ている見方、言い換えれば、特定の個人に対しての他のメンバーからの見方を示すことになる。そのとき大切なのは、三人のそれぞれの評価に対して「こうやったらもっとよくなる」というコメントをつけることだ。やってはいけないことは「ここが悪い」という指摘で、絶対にしてはならない。よい点を伸ばせば、欠点は減っていくという共同体の考え方を貫くためである。これを四人全員、一人ひとりでやると、共同体が各人に対してどう考えているのか、どうなってほしいと思っているのかが出てくる。これは自分が考えているものと当然ギャップがある。

共同体の仲間からの評価は、本人が気づいていない点を含んでいて、よりよい共同体になるためのスタートになる。これは、自分が見えている部分と見えていない部分を気づかせることになり、前述の2つの場所を1つにするために大きな効果があり、共同体は21世紀型に進んでいくことになる。

(D)〝志〟を立て〝公〟をめざす

21世紀のグループの問題解決が生死の問題に直結していることは前述した通りだが、20世紀のモノづくりの世界にはなかった21世紀の計画では〝志〟が必要になってくる。計画は現れているが、志は隠れているもので、モノ中心の時代には、現れている部分だけの計画でよかった。

〝企計〟は、10年先、30年先を考えているが、この延長線上の50~100年先がどうなっているかを議論・整理し、これを毎回積み上げて先を読む力をつける。これが生き続ける力の第一歩になる。環境の変化に対する感覚を研ぎ澄ますことによって生き続けることができる時代になったとき、これが一番大切なことになってくる。おそらく縄文時代の日本人は、この感覚が鋭かったのだろう。われわれは、ここ数千年間、モノ中心の世界に生きてきたため、人との関係もモノのための人工環境が中心になってきた。しかし、21世紀になってヒトの現れている部分だけでなく、隠れている部分である心の世界を中心に考えなくてはならない時代に入って、今までヒトに対する理解がいかに浅かったかを悟ることになる。もう一度、ヒトの心を通して現れている生きている世界と隠れている生かされている世界を見なくてはならなくなった。このヒトへの対応を教育が怠ったために、縄文時代から続いている日本の社会は変化して、今までになかったような事件が連続して起きる世の中になった。この対策の1つに〝志〟と〝公〟の問題がある。日本人は一味違った人間関係の歴史を持っている。それは、他人を理解し、自分を成長させ、社会を新しくしていくという文化を縄文時代以来過ごしてきたことである。生き生かされている現場で、相反することを1つにして生き続けていく。これは、縄文時代以来の日本人の生き方で、これには、集団の〝志〟と各個の〝志〟が1つになる必要がある。和敬塾はこの文化を60年間追い続け、21世紀に日本型共同体社会を明らかにしようとしている。

最近の日本のモノづくりの会社を見ても、世界的にシェアを伸ばしているところは、日本型共同体社会の成果で、個人のリーダーシップによる管理型社会の20世紀までのものとは一味違っている。そして、一度、この合意（「ありたい姿」）が成立すると、これが個人の〝志〟に変化し、共同体の〝志〟になるにしたがって、集団の世界に1つしかない世界を切り開いていくことになる。

【集団の〝志〟のポイント】

①各グループの志をすり合わせて、全体の志にする
②これを外部の情報システムに組み込み、外部からの情報を取り入れるツールとする
③場所からの要求が経験のないものでも、公として実行しなくてはならない。これが21世紀の生き方にわれわれを変えていく
④環境の変化によって、志を実現するための計画を変えなくてはならないときは、躊躇《ちゅうちょ》なく

変更する
⑤志を軸に、個もチームも変化することによってプロジェクトは進化する
⑥一番大切なことは場所の変化である。これには全員が常に注意していく
⑦先を読む習慣をつける

第7部

“私”の20世紀から“公”の21世紀へ

第18章 21世紀の〝公〟の世界

① 〝公〟から生まれる21世紀のコンポとシステム

20世紀の市場という場所の中で、コンポの深掘りをやると開発製品につながり、それを進めるとシステム製品になる。しかし、これはあくまでもモノの世界で、この世界は終わった。この現れている世界と隠れている世界を合わせて1つにしていくと、1つになったところから、そのシステムの世界の姿が浮かび上がってくる。すなわち、現れている世界と隠れた世界を1つにしたところから出てくる21世紀型のコンポを深掘りして、21世紀型のシステムの開発につなげなくてはならない。

これからは、それぞれの個別市場の特長を持った社会システムの場が要求するコトに対応していくことになる。グローバル市場向けのモノづくりから見た20世紀が終わり、21世紀が要求するローカル市場ごとのコンポとシステム開発の始まりである。安いものを全世界に広めるのではなく、ローカルニーズに応える文化と知恵から出てくるシステム開発の世界に移っていくことになった。

ここで20世紀までとは大きく違うということを関係者に気づかせる。ローカルニーズに一番ぴったりのすみわけたもの1つしか選ばれず、二番手がないということで、ローカル市場になると競争市場はなくなる。しかし、神田の本屋街のように、ちょっと違った本の市場は無数にある。これが21世紀の新しい世界で、日本は縄文時代からこのシステムに入っていた。すなわち、競争相手は自分自身ということである。

コンポからシステムに移行するにつれて大きく変化することがある。まず環境、すなわち、市場の特長を知らなければならない。しかし、これは市場にいる自分たちの内部の問題であって、市場の外にいる人は役に立たない。

これからモノづくりの社会は大きな問題に突き当たることになる。モノの世界では、その奥にあるシステムの世界からニーズが出てくるという事実があるが、何回も述べているように、これはこのシステムが成立している共同体社会でしかつかまえられない。ここから管理型社会の限界がはっきりしてくる。生かされている場所の中で生きていくしか生きられない時代になると、ローカル市場の共同体社会の中にしか答えがないからである。

ビル・ゲイツは〝私〟からコンポをつくった。これは20世紀の世界である。国鉄総裁の十河信二は〝公〟から新幹線というシステムをつくった。

彼は21世紀の共同体の〝公〟をめざして新しいシステムを開発した。移動時間が4分の1になると、隠れていた地域のニーズの新しいビジネスが表に出てきた。この結果、国営の国鉄から民営のＪＲになると、地域の社会システムは生命力を持つことになった。地域の観光業、流通業、教育システム等、関係するあらゆる分野を関連づけることで、運搬から地域開発システムに入っていった。世界中で、鉄道事業で黒字になっているのは日本のみになってしまった。21世紀は、〝公〟をめざして活動すれば、自然にシステム化し、黒字化する。

新しいシステムは、現在のシステムの奥にある隠れている世界である。これは地域の奥にある文化だ。これをとらえないと、21世紀はスタートしない。このような時代になって、縄文以来の日本の共同体が生きてくる。競争から共創へ、論理から感覚へ、〝私〟から〝公〟へ、〝相対〟から〝空〟へといった大きな転換がなされ、コンポからスタートしてあらゆる関連のシステムを含むようになり、新しい21世紀の感覚文化の社会ができあがってくるだろう。有に対する無、意識と無意識、日常と非日常、私と公、動と静、個と全体、部分に対する全部、コンポとシステムといった異なる2つの合成が21世紀でなされてくるだろう。

②〝私〟が〝公〟になる日本と〝私〟と〝公〟は別々の欧米

モノづくりがどんどん機械化されていく今日、コトづくりが人間の唯一の仕事になっていくだろう。これは心の世界の課題で、ＡＩやロボットではできない直観力と共感力を持った共同体からしか出てこない。前述したように、21世紀のすみわけは、何回もの失敗を通じてしか到達しない。しかし、コンピュータには失敗という言葉はない。コンピュータは〝失敗〟できないのだ。さすがに、チャットＧＰＴのような行きすぎたコンピュータによる情報化の限界に、人間社会は気づき、情報産業の人員整理が始まっている。これらをどうひっくり返しても、心の世界には入れないからだ。物質的な豊かさのみを求めなくなった現在の日本の文明社会は、心の豊かさや文化の豊かさに戻らざるを得ない。モノを取り合って争っていた戦争の時代は、核兵器の出現によって終わった。

もう1つ、モノと一神教がくっついて起きた戦争は、中近東、アジア、アフリカ、南米で大きな傷あとを残している。私はこの地域のモノづくりに参加することで、それをはっきりと感じることができた。おそらく何千万人も殺されたことだろう。欧米の〝公〟と〝私〟は別々の場から出ている。日本人の場合、同じ場で〝公〟と〝私〟がくっついている。実は、大東亜戦争も〝公〟の部分が多くあった戦争で、１００年経った今、世界史上の評価の見直しが始まるだろう。

戦前・戦後、日本はこの日本的〝公〟で世界に対して行動してきた。これは日本以外の〝公〟

の世界が出した対外政策とは異種のものだ。日本人はこれを意識せず、自然に行っているのだが、21世紀の現在、日本に対する評価は、欧米を中心とした先進国とは明らかに違って見られるようになった。欧米の〝公〟は〝私〟を消さずに出てくる〝公〟のため、あらゆる面で〝私〟のにおいが出てしまう。日本的〝公〟は、日本文化から出たもので、〝私〟の意図はない。TPP（環太平洋パートナーシップ協定）なども、日本のソフトパワーによって成立したと言ってもいいのではないか。私見だが、日本が最も早く21世紀型社会を実現するのではないかと考えるのは、このような理由による。

③欧米の公でなく、日本社会の〝公〟を認めた世界

大東亜戦争以後、日本は本来の姿を追い始め、近年の数十年は、この姿が世界に認められ、公平で平等な〝公〟としての姿が知られるようになった。〝私〟を中心とした欧米各国とは違って、安心して交渉でき、意見交換ができると認識されている。ドル離れが中南米で始まっているが、これも、このことと無関係ではないと思う。前述したようにTPPの合意などについて、もしアメリカ主導であれば、各国は眉唾ものだととらえて、最終合意には至らなかっただろう。中東各国も、欧米の国とは違った安心感を持って日本と対応しているように思える。そして、米欧中露経済の縮小は加速し続ける一方、南米、ASEAN、インド各国は発展を続け、ここがグローバ

ルサウスの中核になることは間違いない。

21世紀になってはっきりしてきたのは、第二次世界大戦以降、米国中心に回ってきた世界は、自国中心型の米国が力を落としてきたことで、大変化、大混乱を起こしていることだ。といっても、次に変わるスーパーパワーは出てこないだろう。これは、世界的にも〝私〟の時代は終わって、〝公〟の世界に入っていかざるを得なくなったことを意味する。米中ソの時代はとっくに終わった。これらの国は「私の世界」から抜け出せずに、使う可能性がない軍備に大金を使って、どうするつもりなのだろうか。

前述したように、大東亜戦争以後、日本の〝公〟の対応は世界で認められ、米欧中ソ等とは違った目で見られるようになってきている。そもそも大東亜戦争そのものが、世界の戦争史の中でも〝公〟としての目的が一番大きかった戦争だったと思う。その証拠に、欧米の植民地だったアジア各国は、戦後、独立し、21世紀の現在、世界経済を牽引《けんいん》する地域になっている。古来、欧米中心の戦争では、戦後にこのような地域は出現していない。

近年、日本企業も〝私〟から離れて〝公〟的体質を追い始めるケースが多く見られるようになった。これは、法律やルールで強制的にやらされているのではない。何回も述べているように、日本の縄文時代から続いている生き方を時代の変化に合わせて変えていった結果、自然にこうなったのだ。無理やり力づくでやっても〝公〟の世界は出現しないだろう。各社、各国が独自の努力で、自分の文化に沿って、すみわけの世界を見つけていく以外に方法はない。これらの企業は、量は追わず、質を追いかけ、各企業のすみわけの世界に入りながら、その企業からしか出てこない製品を数多く出し始めていくだろう。日本は人口が減少し始めているが、最近のGDPは上昇し、投資額も税収も増加しているという。これは質を追いかけている証拠だと思う。20世紀の輸出に頼ってGDPを上げていた時代と違って、現在は国内市場のハイテク化が日本のあらゆる分野で成熟してきた結果、こうなっている。このことが、21世紀の世界各国のサンプルになることを願うばかりだ。

④何が日本の評価を変えたか

大東亜戦争後70年間、先進国はできる範囲での国際協力を続けてきた。これは、米国もロシアも欧州も、最近の中国も同じだが、日本と唯一違う点は、これらの国は自国の利益になるための援助をしている。これは自分と相手を分けて対応しているからである。日本の場合は、自分ができることと相手国の要求するものを合わせ、じっくり相談して、双方の要求を統合した上で合意したことをやる。この70年の実績が、現在の日本の評価になっている。そして、この合意は、日本文化の長い歴史を通じて得た普遍性の高さを表している。日本の文化、技術力、公平さ、相手の心を理解する力、これらが他国とは違った国際的な評価を得ている。

そして、激変する21世紀には、この公平さ、平等さがますます求められるようになってきている。この日本のソフトパワーは、人類史の中で際立っていると思う。欧米にもソフトパワーはあるが、〝公〟を目標とした日本と違って、自国の〝私〟の市場を確保する政治力や軍事力をカムフラージュするためのソフトパワーである。これをグローバルサウスの国々は見抜いてしまった。

欧米は、モノの時代が終わって、コトの時代に世界が入ってしまったという実体が理解できていない。大量生産時代のモノづくり、金融、情報、流通では、人もモノの一部だった。人の仕事は、自動化が進むにつれて、それこそモノに置き換えられていく。そうすると、この社会からはじき出されたグループはクレーマーとなって、社会不安を起こす。欧米ではすでに始まっていて、近々、中国でも起こるだろう。

人は、モノからはできないコトに対応していくことが唯一の生き延びていく道になる。これは、量と技術の時代から、質と文化の時代になったことを意味する。論理から感覚の時代に入ったということだ。この新しい時代の問題に対応するためには、それぞれの国の文化を軸にした、それぞれの国の感覚の世界から出てくる共同体社会をつくることが必要で、それが問題解決の糸口になるだろう。

21世紀の新しい製造業は、この感覚の世界から出てくる。これは人口の数とは関係ない。最近の日本は、人口が明らかに減少している。しかし、GDPは横ばいから上昇に転じ始めている。モノづくりの日本の現場から見ると、この傾向は年とともに加速されていく。なぜなら、21世紀型のイノベーティブな共同体の現場が多くなっているからだ。むしろ、いかに早く管理型企業から共同体型企業へ人を移動させるかだろう。

世界は、前の大戦後70年以上、平和を続けてきた。もう二度と世界大戦は起こせないだろう。戦争は、モノづくりと同じく、人とモノと戦略の総合力で結果が出るシステムだ。モノづくりでイノベーティブなアウトプットをつくれない国々が軍事力も落としていることは、最近のロシア軍を見ても分かる。しかし、モノが行き渡ってしまった各国は着実に国力を増して、高度化したニーズは、それぞれの国にある文化から出てくるコトを要求している。ここで〝公〟と〝私〟を分ける世界から、これを1つにする世界に入らないと、争いはますます激しくなり、せっかくつくった豊かな社会をつぶし合うことになる。ここが大きな分かれ道になるだろう。日本を見ていると、日本型の社会人口が5000万人になっても、高度化した市場を満足させる製品を出し続けていくと思われる。これにつれて、円は最強の通貨になるのではないだろうか。

問題は大量生産に固執している国だ。実はこれが世界のほとんどの国なのだが、これらの国々の課題は自国の文化から出た商品づくりにどうやって気づき、その世界に入っていくかだ。

第19章 21世紀の生き方

①自然国家と人工国家の差

若いときと壮年のときと老年のときでは、年齢に応じて〃公〃と〃私〃の関係の質は変わってくる。前川製作所の場合、青年のときは「自分と自グループ」という公の関係が中心であったが、壮年になって「自社」と公の関係になってくる。さらに老年になると、「社会」という公と私の関係に変わってくる。

和敬塾でも同じことが起きていて、1年生のときは「自分と2年生のチューター」の公の関係から、その後、「自分の班」という公と自分、3年生は「自分の寮」という公と自分、4年生は

「和敬塾」という公と自分というように、公と私の関係は深くなっていく。この結果、自分と社会の関係は、社会が広くなるにつれて自分の公も変化し、自分も成長していく。そして身を通して公を学んでいき、日本型共同体社会をつくる一員になっていく。

“場所”が変わると、見る“公”の世界も変化する

企業	和敬塾
若年 ↔ 自グループ	1、2年 ↔ チューターと自分
壮年 ↔ 自社	各人 ↔ 班
老年 ↔ 社会	3年 ↔ 自寮
	4年 ↔ 和敬塾

※場所が変わるたびに跳ぶ

日本の縄文時代の1万年の間も、このようにして共同体社会と文化が進化していったのではないだろうか。縄文以後の日本型共同体社会は、シナ大陸にできた管理型の律令国家に対応するために、蘇我氏等の〝ウジ〟を中心に、いくつもの争いを経て、共同体社会と疑似管理型社会が出現する。この奈良時代でも基盤は日本型共同体社会だった。管理型社会とはいえ、シナ大陸と決定的に違うところは、万葉集では管理層よりも一般人の詠む歌のほうが圧倒的に多いことだ。漢詩にはこのような例はない。その後、日本は平安時代に移っていくが、古今集は万葉集を受け継いでいく。一方、世界最古の小説を女性の紫式部が書いている。日本ではこの時代から、社会の中における女性の役割は管理型社会とは大きく違っていた。平安時代には武士階級が生まれて、戦国時代に入っていく。この500年で、ウジ社会からイエ社会への切り

替えの時期を迎える（村上泰亮、公文俊平、佐藤誠三郎著『文明としてのイエ社会』中央公論社）。

日本社会のこのような文化の継承は、日本列島の自然環境の変化と、縄文人の社会が外部から受け入れた〝まれびと〟文化の変化に沿って進化していった軌跡であろう。その後の江戸時代は、これらの継承の歴史が集約された結果できたもので、江戸時代に成立した近代的な企業システムなどはイエ社会から生まれたもので、欧米にはない長寿型産業社会が出現する要因になっていく。経営学の目的が、売上高や利益額や株価などを大きくすることなのか、長く続けることなのかのどちらかとすると、生き物としての人間なら長く生き延びることが目的であることは間違いない。しかし、長寿型の経営学は、江戸時代にできたもの以外知らない。

ここで、われわれモノづくりの人間から見ると、今の産業政策で疑問に思う点がある。現在は長寿型企業にして、いかに早く20世紀型の社会から21世紀型に切り替えるかが一番の課題だ。しかし、現在の政策は20世紀型の企業を早く21世紀型にするための政策ではなく、いかに長く20世紀型で生き残っていくかであり、そこに大金をつぎ込んでいるとしか思えない。

日本では、オイルショック時に大量生産から個別市場型に切り替えていくのに対して、われわれのような企業には補助金はなかった。必死に自力でやったからこそ、21世紀型のすみわけ産業になってきた。もとより2％成長する経済を政策や金融で変化させるなどは20世紀ではあり得ても、21世紀の社会ではあり得ない。

今、日本で1000万人がモノづくりに従事しているとしたら、これを2000万人にすれば

2％成長は達成されるだろう。ただし、これは20世紀までの話で、21世紀のモノづくりは大量生産と違って人の数でなく、質の問題である。現在は大工場も多人数も不要だ。金融も大量生産社会用のファイナンスとは違い、今は日本社会の1％の成長に必要な分に対応するだけになっている。すなわち、人工国家から自然国家へ日本社会の変化を早めている。

ところで、人工国家と自然国家は戦争という極限状態になったときにはっきりと変化が現れる。人工国家の場合、3分の1の戦力を失ったら降参してしまう。日本の大東亜戦争の場合は、古来からの日本文化を失うのではないかという恐怖感から20歳前後の青年が進んで特攻機に乗り込んでいった。その理由は、彼らの遺書にもあるように、自分の家族、自分の国、自分の文化を守るために死んでいった。硫黄島をはじめとして多くの戦場で同じことが起きている。

宗教を守るために死ぬとか、イデオロギーのために死ぬということと、長い共同体の歴史から生まれた文化のために死ぬということは深度が異なっている。この文化性の強い共同体は、文化性の弱い国民から見ると、文化、社会、経済、産業等のあらゆる面で質の差が出てくる。洋の東西を問わず、1つの企業が立ち上がってくるときは、必ずその集団の文化に沿っている。そして、倒産するときは、文化性を失い、共同体が劣化した結果であることが多く見られる。大企業が倒産した場合、さまざまな原因が言われているが、根本の問題は、人間集団の共同体力の崩壊をもたらした企業文化の劣化が最大の原因だと思う。国にも同じことが言えるだろう。

②非日常の世界を軽視すると、どうなるか

図（次ページ）のAの日常の世界から非日常の世界に跳んだときに現れる、1つになった、まったく新しい世界に気づく。これがブッダが言う〝空〟の世界で、すみわけの新しい場に入る。このようにして文化は進化するが、これを通さず文明だけを追いかけると、文化は衰退を起こす。これが20世紀初頭にオスヴァルト・シュペングラーが記した『西洋の没落』で、彼は①自信をなくして技巧に走ると、②表面だけを見て形式化が進み、③過去の模倣に走って文明は没落すると分析した。過去70年間、モノづくりを通して欧米を見ると、まさにこのことが起き、このようになっている。

日本の〝道〟の世界は日常の世界から技を通じて自分の非日常の世界に入り、これを1つにしたところから道が出てくる。これは、文明の世界から自分の新しい場、すなわち文化の世界に入ることを意味する。前述した日本の生産技術は文化になってきているため、表面のカタだけをまねしても意味がないのだ。製造技術とか開発技術は、技術だからまねはできるが、製造文化、開発文化のレベルに入ったらまねはできない。

日常の現れている世界とその奥に隠れている世界は、どのようになっているのだろうか。これも第4章で述べたように、表の世界とその奥の隠れた世界を1つにしたところから、この世界の奥にまた新しい奥の世界があるというように文明（表の世界）と文化（奥の世界）の2つは1つ

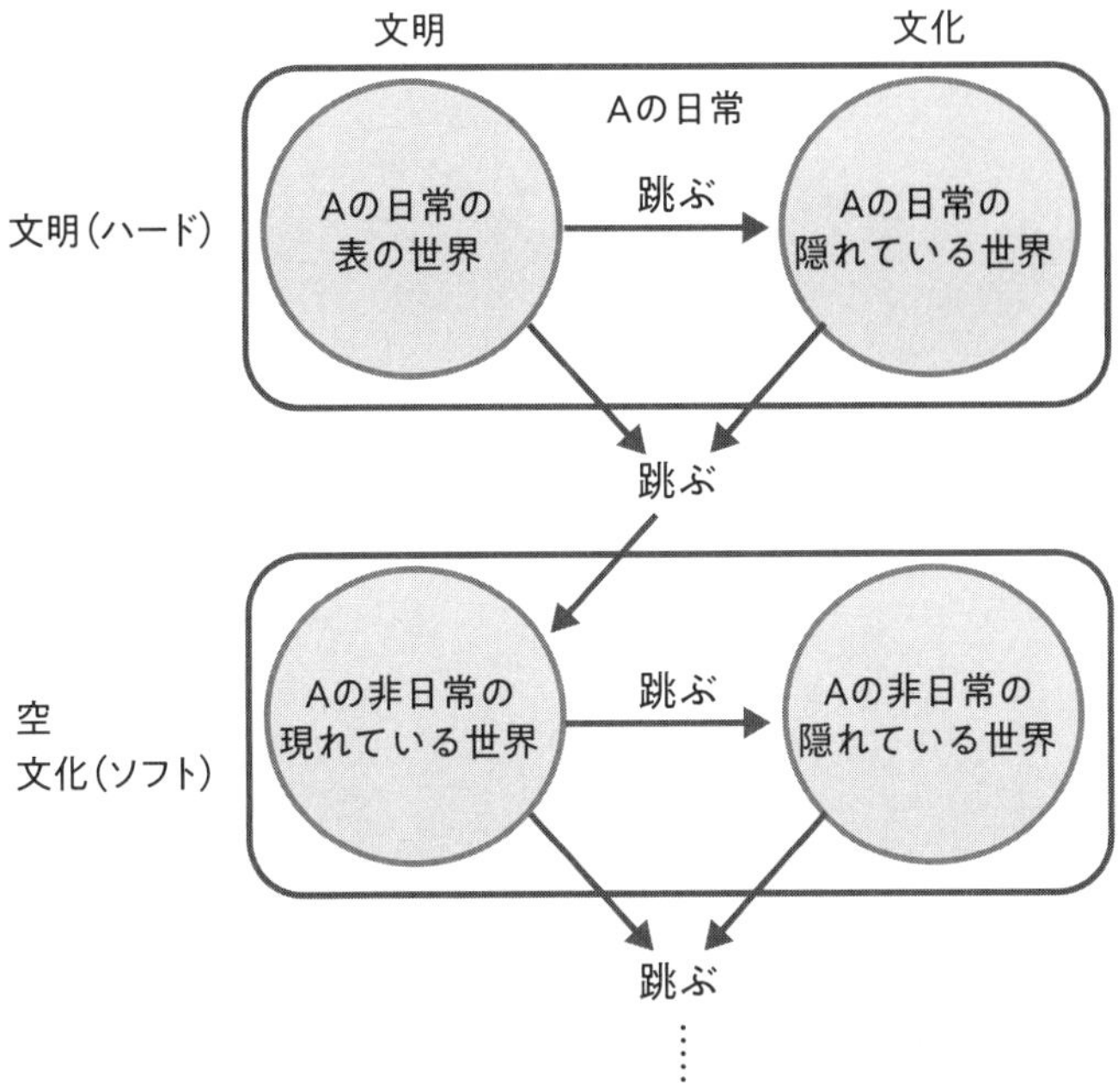

になって進んでいる。確かに、この方向に世界は向かっている。

ヒト属は類人猿から分かれて現在のホモ・サピエンスになるまでに19族が絶滅しているとのことだ。コーカソイドの現在の状況は、ホモ・サピエンスの次の進化に入れるのだろうか。今西錦司はカゲロウのすみわけを通じて〝種社会〟を発見した。ホモ・サピエンスもこの種社会の変化を通じて進化していくのだろうか。絶滅するのだろうか。

現在までの何百万年間の生物の歴史上、多くの種が絶滅している。現在の欧米や中東を見ると、この延長線上にあるのかもしれないと思うが、日本型共同体社会という種社会は果たしてどうだろうか。少なくとも日本型共同体社会は、人類史上最大の激変と言われる21世紀の社会を生き延びる道の1つを見つけたことは事実だろう。おそらく、それぞれの文化ごとにこの道はあるはずである。しかし、最初はまねをしなければ何も始まらない。類人猿は、長くて細い枝をアリの巣に入れて、アリ釣りをした。これは他の類人猿がまねをして、そのように伝えていったのだろう。また、日本の幸島のサルのイモ洗いも有名になっている。これも、あるとき、1匹のサルが海に落としたイモを食べておいしかったのを、他のサルがまねをしたのだろう。

しかし、ここからが問題だ。これらは、この行動から次の行動に移らない。ヒト属は、まねをするだけでなく、次に起きることを推測したために、類人猿とは違った生き方をスタートさせたのだろう。洗うことによって、起こる本質は何だろうか。洗うという行動によって、どういう隠れていることがあるのか。ヒト属はそれに気づいた。

例えば、水で洗うときれいになるとか、塩をつけるとおいしくなるといったように、行動の奥にある隠れている〝心〟の世界を広げていった。これによって、石器づくりから始まり、農業時代、工業時代へとモノづくりは進化していった。まねできる範囲はすぐに決まり、世界につくり方が広がってモノが余る21世紀は、まねできる範囲から、その奥にある文化から出てくるものに入っていく時代になった。ホモ・サピエンスがまったく新しい挑戦を受ける時代になった。欧米のモノづくり産業は大量生産のグローバル時代まではよかったが、大量生産が終わると、コスト競争に入り、いかに安くつくるかが目的になった。その結果、海外に工場を移すか、自国内で安いコストの移民を主力にすることになった。このため、新しくできた個別市場用のハイテク商品には手も足も出なくなって、産業の衰退が始まっている。これは、今まで自然環境の変化の中で生き物が生き延びてきたのに対して、今回は、自分たちがつくった人工環境からの挑戦を受けるようになったことを意味する。果たして、人類は自分の共同体文化に沿った深い世界、無競争の世界に入れるのだろうか。同族で殺し合うのはヒト属だけで、まして同族を食べるのはヒト属しかいないという。しかし、いくら殺し合っても、この問題は解決しない新しい世界に入った。

動物学の本によれば、人間以外の動物の目はすべて黒い。白いところがあるのは人間だけらしい。これは目で伝えることが必要になってきたヒト属からの現象らしい。「目は口ほどにものを言う」ということわざは、ヒト属になってからとのことだ。環境の変化に合わせて自分を変えていった結果、心で伝えるレベルが要求され、目も大事なツールとなっていったということだ。心が進化し、それにつれて身体も進化していった結果なのだろう。これはヒト属だけが非日常の世界に入って、心の世界を伝え合おうとした結果だ。モノ中心の時代になり、この力を落としてきたが、21世紀にもう一度、この世界に入らないと、ヒト属の将来はない。コーカソイドは大丈夫だろうか。

③2つのモノを1つにしていく文化、1つにできない文化

日本では〝公〟と〝私〟は同じ場所にいると考えられているが、身体知と論理知、感覚と論理、個と共同体、生きている場と生かされている場、全部と全体、現れている世界と隠れている世界なども、同じ場所にある別々のものだが、一体になっていると考えられている。これは、四季がある豊かで平和な自然と、台風、地震、津波がある荒れて恐ろしい自然という2つが1つになっている場所に1万年住んで体得した日本人の文化であり、争うよりも、この場所に順応して新しい生き方をつくっていった。

これが、日本のモノづくりの世界が、欧米やシナのモノづくりと大きく違っている点で、新しい世界をつくってきた理由だ。日本のモノづくりは、場所から得たヒントを自然環境の中で得た身体知で進めていき、「現れている世界」と「隠れている世界」を1つにして、次から次へと新しく進化したモノをつくり続けていった結果である。

古くからある日本のモノづくりの例としては、日本の染物技術、製紙技術など無数にある。明治以後の日本の機械技術、例えば、工作機械をはじめとする産業機械は欧米のレベルを超えて、すみわけの独自の領域に入って進化し続けている。これは、自分の場所から得た感覚の世界を、自分の身体知で追い続けている結果で、他人がまねできないすみわけの世界に入っていることを示している。

私見だが、日本のモノづくりの特長は、二元論を1つにした一元論の世界に入っているところだと思う。一神教はこれを妨げているのだろうか。しかし、これでは21世紀を生きることは難しいと思われる。

日本では神と仏を1つにして神仏混淆《こんこう》としたが、一神教のキリスト教とイスラム教は何千年にもわたって殺し合っている。今回のウクライナ戦争もカトリックとロシア正教の争いとも言われている。

環境の激変がますます激しくなっていく時代に対応するには、行動から得た身体知を積み上げながら、すみわけの共同体社会を進化させていく以外に方法はない。ここで重要になってくるのが、一見、別々に存在しているように見えるものでも、それぞれを掘り下げていくと、2つの世界を1つにしたところから新しい世界が見えてくることだ。仏教ではこれが実体で、表面に出ているものは、この実体を別々の角度から見たものにすぎず、その2つの関係性こそが実体なのだと考える。

仏教では、いくつかの事象が偶然出会って生まれるのを〝縁〟と言い、それが生じていることを〝因〟と言った。そして、この現象には原理原則はなく、〝空〟とした。これは一神教と違って独自のドグマを持たない文化をつくり、あらゆるものを流し込んで統合して日本文明にしていった。これが21世紀になって世界が認めた日本のソフトパワーの源になっている。

海外で仕事をしていると、何百年経っても、その国に同化しない外国人集団の存在に気づく。

古くはヨーロッパのユダヤ人をはじめ、ドイツ人とポーランド人、ポーランド人とロシア人、アメリカ人とメキシコ人、イギリス人とアイルランド人など、数え上げればきりがない。これに反して、日本は2、3世代のうちに同化してしまう。どこのヨーロッパの都市へ行っても、「この通りは変だな」と感じるところは外国人街だ。差別されるほうも差別するほうも、何百年経っても行動を変えない。日本ではこのようなことは起きていない。奈良時代の百済人街のようなものはもはや存在しない。

一方、長崎や横浜にあるシナ人街は、日本化した街になって日本と共存していて、外国にあるチャイナタウンとは一味違っている。これは日本文化の普遍性の高さを表している。これが21世紀の日本のソフトパワーになって、外国で評価されているのだと思う。神道を軸に仏教、儒教、キリスト教、江戸時代から入ってきた欧米文化など、世界の文化を統合してつくりあげてきたのが、日本文化の特性である。これは、日本の文化の許容性の高さが、各国の文化との一体化を促しているのだと思う。

グローバルからローカルの時代になり、ローカルな欲求を実現するのが21世紀型産業の主流になるにつれて、日本の文化の幅の広さや深さは、各国の文化から出てくるモノのニーズに欠かせないパワーになってくる。一方、二元論の国では、どこへ行っても、自分のモノづくりを変えようとしない。というよりも、変えることができないでいる。

ところで、モノとしての石器をつくって、ヒト属は類人猿から分かれ、モノづくりを通して世界中にすみわけの世界をつくっていった。そして、大量生産時代をつくり、金融、流通、情報産業と新しい産業をつくっていった。しかし、大量生産時代が終わることによって、これらの産業も大変化を余儀なくされている。本来の個別市場用の個別生産時代に戻ることになって、モノづくりの見直しが始まった。

④文化はどのように衰退し、どのように進化するのか

ところで、日常は論理の世界が中心で、非日常は感覚の世界が中心である。論理の世界は論理を戦わせて、勝者が残る。感覚の世界は動物本来の世界で、同じ動物同士で争ったり殺し合ったりはしない。感覚の世界は争うことよりも融和が中心になるからだ。そして、融和しながら、すみわけの世界に入っていく。

人間は他の動物と違って、論理の世界を肥大化させ、同族で殺し合い、普通の生き物でない存在になってしまったが、この時代もようやく終わって、「論理の世界」と「心の世界」の両方を1つにしながら発展していく道をたどらざるを得なくなった。

生き方＝文化であり、生き方を制度にしたものが文明である。ところが、文明に力点を置くと、前述した通り形骸化してしまい、そのうち文化が忘れ去られて衰退する。それによって、文化も滅びてしまう。

製造業に関しても、産業革命以来、欧米の文明はこのルールに沿って変化しており、これが欧米の文化を衰退させている。シュペングラーの予言通りである。欧米文化の衰退は、ギリシャ哲学以降、現象のみに力を注ぎ、科学技術を発達させて、隠れている本質に迫らなかったために、モノの世界を中心に争いの時代が長く続き、文明社会は進歩したが、文化は隅に追いやられてきた結果である。シュペングラーの予言は、21世紀の今日、現実のものになってきた。日本はどうかというと、奈良時代から現代まで、文化に沿って文明を進化させてきた。これは21世紀になっても変わらないだろう。これは人づくり、モノづくりの現場を中心とした日本型共同体社会のたまものである。欧米を参考にするよりも自分の現場をしっかりと見て、そこから自分自身で生き方をつくっていった結果である。

文明は自己中心的に考えていくと衰退するしかない。文明の初期には、環境の変化に合わせて自己を変えることから始まったはずだが、時代とともに思い上がり、傲慢にもモノ中心に考えて行動するようになった。初めはうまくいっていたが、やがて世界は行き詰まっていく。これが文明の崩壊につながっていく。ギリシャ文明もエジプト文明もローマ文明も20世紀の欧米文明も同じパターンだ。日本は縄文時代の1万年を通じて、表に現れている世界の奥に隠されている世界があることを悟り、この道をたどらなかった。日本のモノづくりの文化を考えても、このことが言える。日本のモノづくりは「こういうものをつくったら、自分の自己実現につながるし、現在の文明は豊かになるだろう」という隠れている世界と現れている世界を1つにして進んできた。

しかし、1970年のオイルショックでモノの大量生産時代が終わったことを知った日本のモノづくり企業は、グローバル市場の奥に隠されていた個別市場に気がつき、これへの転換を図ることで21世紀の社会に入るようになった。これからは21世紀の個別市場を基盤にし、日本文化を基礎にしたモノづくり文明も進化していくだろう。

⑤脳が発達してつくったモノの世界と心の世界

サルは自分で得た食物を他のサルにはやらないが、類人猿は他の類人猿が欲しがったらあげているという。ここに大きな〝公〟の世界への進化がある。250万年前、ヒト属は、赤ん坊をグループ全員で育てることにより、類人猿の〝公〟のレベルを超えた。これがヒト属の共同体社会の始まりだろう。日本では縄文時代、各人はそれぞれの特技を活かして食物を集めていた。この人は木の実の担当、この人は魚の担当というように。そして、食物は全員平等に分けたという。このサルと類人猿のヒト属のモノに対するはっきりとした変化は、心の変化によるものである。

本書は、縄文以来の日本人の共同体社会の中で、モノと心がどのように変化・進化してきたかについて、モノづくりと人づくりの現場の経験を通じて考えたことや感じたことをまとめたものである。モノが主で心が従であった20世紀までの世界の中でも、心を主にし、モノをその結果とした日本の共同体社会は、縄文から連綿と続くもので、異色の存在である。

人類は、人工環境をつくり、モノを争って取り合い、一時混乱したが、20世紀にモノが充足されると、21世紀の日本人はモノを離れて、より心の充足を求める方向に向かうようになった。社会の安定さ、街の清潔さ、人の親切さなどを通じて、日本は再び新しい〝公〟の世界に入ろうとしている。仲間の見たもの、経験したこと、感じたことを、あたかも自分のこととして自分の中に取り入れ、相手の直観を共感にして新しい世界をつくる。これは、心の世界で相手を信じなければできないことだ。この日本人の共同体力は脳の発達によるものと考えられる。脳の発達によって想像力が大きくなるのと、共同体力が大きくなるのは、おそらく相互に関連を持ちながら、ほとんど同時に達成していったのだろう。

ここでも脳は2つの世界を持っていることが分かる。すなわち、論理を中心に科学、技術を発達させていった表の部分と、感覚知をつかさどる心の隠れている部分だ。そして、今までは表の論理中心の世界だったが、これからは心の世界と合わせて1つにした新しい時代に入っていく。

論理知中心時代と言っても、心の世界は存在していたし、その反対も同じだろう。しかし、これを1つにした世界というものはあまり重要視されないできた。21世紀はこれでは生きられない。はっきり言えることは、感覚知や心の世界では、今後、脳は今までとは違った発達の仕方で人類社会を新しい方向へと導いていくと思われる。

イスラエルの歴史学者ユヴァル・ノア・ハラリは「人類は知らないことを知った」と言ったが、ここで人類は論理の世界、科学の世界、すなわち、自分の外の世界に一直線に進んでいき、モノが豊かになってあふれ返ることになった。一方、日本では、論理でない感覚の世界、すなわち、自分の外の世界でなく、自分の内部の世界に進み始めた。ハラリ流に言えば、「人類は心の世界で生きることになった」と言える。

〝体〟と〝心〟で人間はできている。

21世紀まではモノを中心とした社会をつくって人間は満足してきたが、21世紀からモノを満足させながら、心を充足させる世界をつくっていかなければならなくなってきた。日本では縄文時代から江戸時代まで、この2つはバランスが取れていて、日本型共同体社会をつくってきたが、明治以降、これが崩れ、21世紀になってもう一度、新しいバランスの取れた世界に入ろうとしている。その中で、縄文からのモノづくり文化を受け継ぎながら、江戸時代の産業社会を経て、明治以降の産業社会を代表する〝町工場文化〟を持っているグループは、縄文時代からのこの流れを変えることなく、新しい姿で21世紀のモノづくりの世界をリードしようとしている。

しかも、モノづくり以外の世界でもこの流れは続いている。

最後に『今西錦司の世界：座談』から、河合雅雄の言葉を記しておきたい。

「今西さんの考え方の根本の一つというのは、相対立しながら相補うという相補正の原理ですね。そういう考えがどうして形成されたかということについては、たとえば西田哲学の問題との関連が強くいわれますね」（今西錦司著『今西錦司の世界：座談』平凡社）

今後、21世紀の世界は相対立しているものを1つにしていきながら進化していくのだろう。

あとがき

21世紀に入って、世界はますます混迷の度を増してきている。英独仏でストライキが起き、米国の二大政党の政争はホワイトハウスへの暴徒の乱入まで許している。いずれも管理する側と管理される側の終わりの見えない対立の世界だ。これと同じことが、スラブ民族の中で、ロシアとウクライナに分かれて起きている。

一方、日本では、不思議なことに時代とともに安定度を増している。管理する側もされる側も日本にはない。われわれ日本人から見ると、世界はすべて2つの原理から成り立っているという二元論のシステムや考え方は、理解できない。二元論の社会では、管理されている側の問題点は管理する側の不手際によるものと考えてストライキを起こす。これは民主主義国家でも同じで、投票によってパワーを得た管理側と管理される側に分かれると、これと同じことが起きる。

その意味で、日本では投票という数で物事を決めることは文化的になじまない。現に、投票率は年々下がっている。特に地方では無投票で組長、首長が決まり出している。それでも、不思議と決まるべき人が決まっている。それにつれて、左右の争いは年々小さくなっている。欧米とは明らかに違った道を歩み出している。日本の国会も、欧米システムを無理してやっているように見える。欧米の投票システムで決めるというのは、身の丈に合わない服を無理して着ているのと同じように思えるのは私だけだろうか。これも産業社会と同じで、いずれ変わるべくして変わっていくだろう。そのときに参考になるのは、江戸時代に完成した日本型共同体社会の「イエシステム」で、政治・行政は徳川幕府が参考になるだろう。

21世紀に入って、この矛盾を含みながら日本経済は安定度を増して、欧米とは反対の方向へ進んでいる。海外と比べて、衣食住の品質は毎年上がっている。価格も欧米と比べて格段に安い。行政を含めたサービスも年々質がよくなっている。その上、社会が安全、安心、親切とくれば、海外からの旅行者が年間1億人を超えてきても不思議ではないと思う。しかし、この実感と、新聞やテレビで報道される悲観的な内容とのギャップを感じるのは私だけだろうか。

例えば、最近、年1%のGDPが達成されたが、私は2%を超えて毎年上がっていくと思っている。今の1%のGDPは日本人のイノベーティブな活動によってなされている。街にはおいしい食品を提供するイノベーティブなレストラン、おいしいパンやソバを出す店が増えてきている。米、ブドウ、ミカン、リンゴなどの農産物の品質も世界のレベルを超えて年々上がってきている。工業製品についても、外国製と品質上の差をつけており、新製品が国内市場を活性化させ、国内市場だけで日本経済は成り立つようになった。その上、輸出も増え、海外投資からの送金もあるので、円高や円安は20世紀のときのように気にしなくてよくなった。私には第二の鎖国化の方向に進んでいるように思える。これはグローバル市場が崩壊した後の自然な成り行きだろう。

しかし残念ながら、これは現在の産業政策、金融政策とは関係のないところで起きている現象だ。むしろ、これらのイノベーティブな企業で一番困っているのは人手不足だ。20世紀型の企業から21世紀型の企業への人員配置の転換を早くするような政策こそ、21世紀のイノベーティブな政策だ。

このような中で一番大きな変化は、投資である。20世紀までの投資は、大量生産用の設備投資だったが、20世紀で終わった。現在のイノベーティブな企業の投資は〝人〟への投資だ。1970年のオイルショックのときから、日本のイノベーティブな企業は、人への投資に切り替えたが、モノと違って成果が出るまでに何十年もかかる。これが近年、実を結んできているのだ。農産物でも、最近のおいしいリンゴやイチゴができるまでに何年かかったことだろうか。農産物と同じように、人への投資は時間がかかるものだ。現れている世界では停滞の30年だが、これと隠れている世界を合わせて、21世紀型の新しい産業社会が出現している。

今後、イノベーティブな世界では、20世紀型の大規模な設備投資は起きないだろう。しかも、これからは人への投資のため、自社の利益で賄える。資金のニーズがないから、金利は上がらないはずだ。しかし、海外はこの反対のことをすべてやっているので金利は上がっていく。

そのため円安になってしまう。しかし、20世紀までと違って、国内市場で成立している日本の社会は、円安になっても円高になっても、大きな問題にはならない。私は、国内のインバウンド産業は輸出産業と考えるべきだと思う。旅館、日本レストラン、鉄道、スーパー、デパートなどは大きな輸出産業だ。これから見えてくることは、日本の各産業界はすごいスピードで20世紀の大量生産産業から21世紀の個別生産型へ移行してきているということだ。

こう考えると、品質、価格、納期の大量生産産業がなくなっても、〝すみわけ産業〟によって、日本は20世紀までの時代よりも余裕を持って現在の産業活動を続けていけばよいと言えよう。この余裕が今後のイノベーティブなすみわけ商品を次から次へと生み出していくことになるだろう。日本は明らかにこの道に進み出している。

一方、外部世界はどうだろうか。現在の混乱は行くところまで行くのだろう。原爆戦争になるかもしれない。しかし、そうなっても人間が一人も生き残れないということにはならないだろう。それよりも私が一番気になるのは人口問題だ。現にホモ・サピエンスになるまでに、ヒト属の19種類は死滅している。このままいけば、この死滅の道を歩み続けていくことは間違いない。

そうならないための解決策の1つが日本型共同体社会だと思う。本書ではこのことを縷々《るる》書いてきたつもりだ。イエシステムが日本から世界へ発信するメッセージになると思う。この特殊なシステムは、本文にも記したように、奈良時代のトップ一人が支配するウジシステムから、江戸時代の一族郎党による死なばもろとものイエシステムの完成によってできあがってくる。

これは、一族による管理システムから、参加者全員による運営システムへの移行という大進化を行ったことを意味する。本文にも述べたように、三世代が年とともに成長しながら、社会、環境との一体化を促すことによって、何百年という長寿型企業が生まれる基になっている。

これも本文で何度も触れたが、三世代による終身雇用、年功序列の日本型共同体社会は、欧米からは批判され続けたが、21世紀のイノベーティブな日本型企業は、不思議なことに、このシステムになっている。実は、私は世界中でモノをつくりながら、このことに気づかされた。そして、これが縄文時代から続いていると確信するようになった。

縄文時代から続いている日本型共同体社会は、生活する現場の中から出てくるモノづくりと人づくりが一体になっているシステムである。モノづくりは現れている世界だが、人づくりは隠れている世界で、この2つが1つになっているシステムであり、非常に完成度が高いシステムである。これが縄文時代から続いているということは世界的にも珍しいことだ。といっても、この1万年は、ヒト属250万年の歴史から見たら、ほんの一瞬だろう。

世界のさまざまな文化から日本のケースとは別の生き方が出てきて、ホモ・サピエンスの世界が豊かになっていくことを願っている。シュメール、ギリシャ、サラセン、エジプト、マヤ、インカ等々、多彩な文化をわれわれは持っている。これらは、日本の縄文と同じように、根があれば必ず芽が出来るはずである。21世紀はこれをスタートとする世界になるのではないか。

ホモ・サピエンス、頑張れ！

謝辞

最後になりますが、本書に推薦文を寄せていただいた元京都大学総長の山極壽一先生にお礼申し上げます。本書をつくるにあたり、和敬塾の岩崎嘉夫さん、前川製作所の益田愛子さん、ダイヤモンド社の田口昌輝さんにはいろいろお世話になりました。この人たちの支援がなければ本書はできあがりませんでした。心から感謝いたします。

［著者］
前川正雄（まえかわ・まさお）
1932年生まれ。1955年3月、早稲田大学理工学部工業経営学科卒業。同年3月、前川製作所入社。同代表取締役社長を務め、2009年6月、同顧問。1987年6月、財団法人和敬塾理事長。2022年から公益法人和敬塾塾長。著書に『マエカワはなぜ「跳ぶ」のか』『モノづくりの極意、人づくりの哲学』（共にダイヤモンド社）、『世界を変える「場所的経営」』（実業之日本）などがある。

ホモ・サピエンスは生き残れるか
――日本のモノづくり、人づくりから考える

2023年11月28日　第1刷発行

著　者――前川正雄
発行所――ダイヤモンド社
〒150-8409　東京都渋谷区神宮前6-12-17
https://www.diamond.co.jp/
電話／03･5778･7235（編集）　03･5778･7240（販売）
装丁――――大場君人
ＤＴＰ―――荒川典久
校正――――久高将武
製作進行――ダイヤモンド・グラフィック社
印刷――――八光印刷（本文）・新藤慶昌堂（カバー）
製本――――本間製本
編集担当――田口昌輝

ISBN 978-4-478-11897-9